rotation

Axo do

한 권으로 읽는 세계사

출판은 사람과 나무 사이에서 이루어지는 가치 있는 일입니다.
도서출판 사람과나무사이는 의미 있고 울림 있는 책으로 독자의 삶을
좀 더 풍요롭게 만들기 위해 최선을 다하겠습니다.

복잡한 세계사를 한 방에 정리하다!

한 권으로 읽는 세계사

다마키 도시아키 지음 | 서수지 옮김

사람과
나무사이

서문

13가지 '역사의 급소'를 통찰하면 복잡한 세계사가 한번에 정리된다

작은 체구의 무림고수가 자기 몸무게의 열 배가 넘는 거대한 물소를 주먹질 한 방에 쓰러뜨리는 장면을 본 적이 있는가? 어떻게 그런 일이 가능할까? 그가 물소의 가장 치명적인 급소를 간파하고 그곳을 효과적으로 가격했기 때문이다.

물소만이 아니라 역사에도 '급소'가 있다. 급소를 제대로 가격하면 아무리 거대한 물소라도 한 방에 쓰러뜨릴 수 있듯 '역사의 급소'를 통찰하면 방대하고 복잡한 세계사를 한번에 정리할 수 있다. 이 책은 세계사의 중심부를 관통하는 13개 명장면과 '역사의 급소'에 해당하는 통찰력 있는 질문과 답변으로 이루어져 있다.

몇 가지 예를 들어보자. 첫째, '알렉산드로스 대왕이 오래 살았다면 자신이 지배한 광대한 영토를 질서정연하게 다스렸을까?'

이 질문에 답하기 전 다음 질문의 답을 먼저 생각해보자. '알렉산드로스 대왕은 어떻게 거대한 제국 페르시아를 그토록 빨리 정복할 수 있었을까? 그리고 그의 군대는 왜 인더스강 유역에서 인도 중심부를 향해 동쪽으로 더 진군하지 않고 기수를 돌렸을까?' 흥미롭게도 답은 '교통망'에 있었다. 즉 알렉산드로스 군대는 아케메네스왕조 페르시아가 공들여 정비한 교역로 덕분에 거대한 제국을 손쉽게 정복했으며, 인더스강 너머의 지역은 그때까지 제대로 개척되지 않았기에 더 나아가지 못했다고 말해도 지나치지 않다. "모든 길은 로마로 통한다"라는 말보다 몇백 년 전 앞서 "모든 길은 페르세폴리스로 통한다"라는 말이 널리 회자될 정도로 찬란한 문명을 꽃피우고 위대한 교통망을 구축해 광대한 영토를 지배했던 고대 페르시아제국에게는 그 대단한 교통망이 역설적으로 자신의 숨통을 끊는 무시무시한 부메랑이었던 셈이다.

다시 앞의 질문으로 돌아가자. '알렉산드로스가 오래 살았다면 자신이 지배한 광대한 영토를 질서정연하게 다스렸을까?' 그렇지 않았을 가능성이 크다. 왜냐하면 그토록 광대한 영토를 다스리는 데 필요한 체제와 지식, 경험 등이 마케도니아로 대표되는 당대 그리스 세계에 결정적으로 부족했기 때문이다.

둘째, '산업혁명이 시작된 후에도 오랫동안 인도에 비해 크게 뒤처졌던 영국의 면 산업이 비약적으로 발전할 수 있었던 비결은 무엇일까?' 영국은 면 산업의 주 원료인 목화가 재배되지 않는다는 치명적 약점을 안고 있었다. 그럼에도 18~19세기에 영국은 모든 대륙을 아우르는 세계 최대 해양제국이었기에 아프리카에서 아메리카로 노예를 수송하고, 아메리카에서 목화를 싣고 와 본국에서 제품을 생산하고, 그것을 아시아에 내다 파는 강력하고도 효율적인 시스템과 메커니즘을 구축해 최강대국이 될 수 있었다. 그리고 이는 전 세계에 뿌리내리기 시작한 갈등과 불평등 구조를 심화시켰다.

셋째, '전국시대에 일본이 유럽의 군사혁명을 단숨에 따라잡을 수 있었던 비결은 '예수회'의 무기 판매 덕이었다는데, 과연 사실일까?' 충격적이게도 사실이다. 16세기에 일본은 유럽의 근대적 군사혁명을 벤치마킹해 몇십 년 만에 대량의 소총을 생산하는 등 군사혁명에 성공했다. 그리고 그 성과를 가장 효율적으로 달성한 인물이 오다 노부나가였다. 일본은 어떻게 그토록 놀라운 속도로 유럽 군사혁명의 성과를 따라잡을 수 있었을까? 비밀의 열쇠는 '예수회'에 있다. 예수회는 종교단체의 얼굴과 함께 또 하나의 얼굴을 가지고 있었다. 그것은 무역상인의 얼굴로, 그들이 일본에 판매한 주요 상품은 바로 '무기'였다.

나는 세계사 중심을 관통하는 13개 명장면과 '역사의 급소'를 통해 방대하고 복잡한 세계사를 명쾌하게 정리해보고자 했다. 위에 제시한 세 가지 관점은 그중에서도 가장 필수적인 내용이다.

그밖에도 이 책에는 '바이킹은 왜 콜럼버스보다 500년 일찍 아메리카대륙을 발견하고도 '최초 발견자'로 인정받지 못했을까?', '근대 유럽의 경제 성장이 '근면'과 '금욕'을 중시하는 프로테스탄트에 의해서만 이루어졌다는 주장이 허구인 이유는?', '포르투갈과 스페인은 과연 '역사의 페이스메이커'에 지나지 않을까?', '19세기에 범선을 몰아내고 유럽 각국의 주요 운송수단이 된 증기선은 어쩌다 제국주의의 첨병이 되었나?', '중국은 과연 미국에 이어 헤게모니 국가가 될 수 있을까?' 등 흥미로우면서도 세계사의 급소를 찌르는 내용이 담겨 있다. 이 책을 읽는 독자 여러분이 역사에 문리가 트이고 인간사회에 대한 통찰력을 키우게 되길 바란다.

다마키 도시아키

차례

VITAL POINT OF HISTORY

1

알렉산드로스 대왕이 오래 살았다면 자신이 지배한 광대한 영토를 질서정연하게 다스렸을까?

메소포타미아, 이집트, 인더스 등
고대 문명과 관련 깊었던 마케도니아 왕국

고대 그리스인이 자신들은 시조인 헬렌(Hellen)의 후손이라는 의미로 '헬레네(Hellenes)'라 부르고 그 외에 그리스어를 쓰지 않는 이민족은 '바르바로이(Barbaroi, '야만인'이라는 의미는 나중에 덧붙여졌다)'라 부르며 업신여긴 사실은 널리 알려져 있다. 알렉산드로스(Alexandros, 재위 336~323 BC)라는 걸출한 영웅을 배출한 마케도니아도 바르바로이였다. 바르바로이 마케도니아는 어떻게 그리스반도를 넘어 머나먼 인더스강에 이르는 대제국을 건설할 수 있었을까?

마케도니아왕국의 확장 과정을 살펴보면 이 나라가 메소포타미아, 이집트, 인더스 등 고대 문명과 밀접한 관련성을 가지고 있었음이 눈에 들어온다. 이 세 고대 문명은 오랜 기간 서로 활발히 교류하며 하나의 거대한 교역권을 형성했다. 이 교역권, 통상로의 존재야말로 알렉산드로스 대왕의 대원정 비밀을 푸는 중요한 열쇠가 될 만하다.

마케도니아가 그리스와 페르시아제국을 제패할 수 있었던 비결은
'점'을 확보하는 방식의 지배가 아닌
'면'을 확보하는 방식의 지배 덕분이었다?

마케도니아왕국의 부상은 알렉산드로스 대왕의 아버지 필리포스 2세(Philippos II, 재위 359~336 BC) 시대에 시작되었다. 이 시기에 아테네, 스파르타, 테베 등으로 대표되는 고대 그리스의 폴리스(도시국가) 세계는 급격한 쇠퇴기를 맞이했다. 필리포스 2세는 카이로네이아 전투(338 BC)에서 테베와 아테네 연합군을 무찌르고 그리스 세계의 지배자 위치에 올랐다.

마케도니아는 지리적으로 보나 정치체제 면에서 보나 다른 그리스 폴리스와는 매우 이질적인 나라였다. 본래 그리스 북부 산악지대에 거주하던 마케도니아인은 평야지역으로 영역을 확장해 계절이 바뀔 때마다 평야지역과 산악지역을 활발히 이동하며 유목생활을 했다. 기원전 6세기 후반 부유층에 속한 어느 인물의 무덤에서 많은 황금 제품이 발굴되면서 이미 그 무렵부터 마케도니아가 경제적으로 상당히 번영했다는 것이 밝혀졌다.

고대 그리스에서는 거대 통일국가가 형성되지 못한 채 1,000여 개의 크고 작은 폴리스가 분립했으며, 각각의 도시를 거점으로 지중해 곳곳에 식민지를 건설했다. 말하자면 폴리스의 통치 체제는 '점'을 확보하는 방식에 가까웠다.

반면 필리포스 2세가 다스리던 마케도니아는 폴리스와 완전히 다른 형태의 통치 체제를 구축했다. 마케도니아의 지배 체제는 '면'을 확보하는 방식이었다. 즉 정복한 지역에서 농지를 확장하고 대규모 상비군을 조직해 지배 영역을 더욱 넓혀가는 방식을 취했다. 마케도니아가 실행한 방식은 '영역 국가'로서의 지배였다.

필리포스 2세 앞을 가로막은 가장 큰 적은 페르시아의 아케메네스왕조였다. 세계사 교과서에서는 대개 "기원전 5세기 페르시아전쟁에서 아테네를 중심으로 뭉친 그리스의 폴리스가 아케메네스왕조 페르시아에 승리했다"라고 이 시대를 간략히 다룬다. 그러나 사실 이는 정확하지 않은 설명이다. 왜냐하면 애초 '칼리아스 평화조약(449 BC)'을 근거로 페르시아 전쟁이 그리스 측의 승리로 끝났다고 보지만 정작 이 조약 자체가 실제로 존재했는지부터가 불분명하기 때문이다.

또 하나, 당대 페르시아 전쟁이 세계사에서 차지하는 위상도 짚고 넘어가야 한다. 아케메네스왕조 페르시아는 고대 오리엔트 세계를 통일한 대제국이었다. 경제적으로도 이 왕조는 당시 그리스 세계보다 월등히 강력하고 풍요로운 나라였다.

그리스는 대제국 페르시아와의 전쟁에 사활을 걸었으나 당시 페르시아는 서쪽 변방에서 발생한 소규모 분쟁 정도로 인식했다. 사실 페르시아전쟁의 결과가 어찌 됐든 아케메네스왕조의 국력은 그다지 쇠퇴하지 않았다. 유사한 예로 원나라의 일본 원정을 떠올려보자. 일본은 대제국 원에 맞서 그야말로 국운을 건 건곤일척의 전쟁을 벌였으나 원의 입장에서 일본 원정은 수많은 원정 중 하나에 지나지 않았다.

게다가 역사 기록에 따르면, 페르시아 전쟁 후 페르시아는 그리스 폴리스에 군자금 등을 지원하며 폴리스 사이의 갈등과 반목을 조장하고 부추겼다. 실제로 이 작전이 나름대로 성공을 거두어 그리스에서는 폴리스 간 전쟁이 끊이지 않았다. 즉, 거대 제국 페르시아의 개입이야말로 그리스 세계가 쇠퇴한 주요 요인의 하나였던 셈이다.

이 난제를 해결하기 위해서라도 필리포스 2세는 아케메네스왕조의 페르시아 정벌을 매우 중요한 목표로 설정해야 했다.

알렉산드로스 대왕은 위대한 철학자 아리스토텔레스(Aristoteles, 384~322 BC)를 개인 교사로 초빙해 가르침을 받는 등 일찍이 필리포스 2세의 후계자가 되기 위한 교육을 받았다. 그러던 중 부왕 필리포스 2세가 암살당하는 일이 벌어져 알렉산드로스가 약관 스무 살 나이에 마케도니아왕국의 왕으로 즉위했다. 이는 기원전 336년의

〔지도 1〕 필리포스 2세 암살 직후의 그리스

일이다.

이러한 상황을 고려하면 알렉산드로스의 페르시아 원정은 부왕 필리포스 2세의 정책을 계승하고 실행한 측면이 있다. 다만 알렉산드로스가 계획한 페르시아 원정 규모는 아버지 필리포스 2세의 계획보다 훨씬 원대했으며, 그 계획은 단지 계획으로 그치지 않고 실제로 실행되어 동양과 서양을 아우르는 광대한 제국을 형성했다.

알렉산드로스의 대원정은 어떻게 그토록 대단한 성공을 거둘 수 있었을까? 이는 오리엔트에서 발전한 고대 문명과의 밀접한 연관성을 세밀히 살펴보는 과정에서 이해할 수 있다.

메소포타미아 문명과 인더스 문명이
서로 활발히 무역했다는데, 가장 결정적인 증거는?

학자들은 아프리카대륙에서 700만 년쯤 전 탄생한 인류가 아프리카를 벗어나 전 세계로 퍼져나갔다고 추정한다. 이는 오늘날까지 축적된 인류학적 연구 성과에 따른 추정으로, 의심의 여지없는 정설로 받아들여진다. 그렇다면 인류는 구체적으로 언제 아프리카대륙을 벗어나 세계로 뻗어 나갔을까? 현생인류(호모사피엔스)의 출(出)아프리카는 대략 15만~10만 년 전과 7만~5만 년 전 두 차례에 걸쳐 일어난 사건으로 밝혀졌다. 말하자면 이는 인류 역사상 최초의 대이동이었던 셈이다.

아프리카대륙을 버리고 떠난 인류는 꽤 오랫동안 당연하게도 이동이 일상인 수렵·채집 생활을 하다가 차츰 정착 농경생활로 전환했다. 인류는 어디에 맨 처음 본격적으로 정착해 농경을 시작했을까? 인류가 최초로 농업을 시작한 지역이 메소포타미아라는 것이 오늘날 학계에서 정설로 자리 잡았다.

메소포타미아 문명은 기원전 3500년 무렵 시작되었다고 추정된다. 이 지역에 정착한 사람들은 우르, 우루크, 라가시 등의 도시국가를 건설했고 '지구라트'라는 계단형 피라미드도 세웠다. 티그리스강과 유프라테스강으로 둘러싸인 이 지역은 충적평야로 눈이 녹으면서 정기적으로 강이 범람했다. 당대인은 이러한 지역적 특성을 적절히 활용해 운하를 효과적으로 정비함으로써 풍요로운 농업 수확물을 얻을 수 있었다. 또한 메소포타미아 지역에서는 강력한 왕권을 바탕으로 관개 시설이 크게 발전했다.

이 지역에서 수십만 장에 이르는 점토판 문서가 출토되었는데, 점토판에는 메소포타미아 밀 수확량이 파종량의 몇십 배에 달했다고 기록되어 있다. 말하자면 밀 한 알에서 수십 배의 밀을 수확한 셈이다. 이는 매우 놀라운 수치로, 일본의 근대 쌀 수확량과 맞먹거나 심지어 웃도는 수준이다. 선뜻 믿기 어려운 정도의 수치지만 메소포타미아에서 농업을 기반으로 한 매우 풍요로운 문명이 건설되었다는 것은 고고학적으로 이미 증명된 사실이다.

한편 인도의 인더스강 유역에서는 하라파와 모헨조다로 등의 고대도시 유적이 발견되었다. 인더스 문명의 성립은 기원전 2600년 무렵으로 추정하며 농경은 기원전 7000년쯤부터 이루어졌다고 보는 것이 정설이다.

오늘날 연구를 통해 메소포타미아 문명과 인더스 문명 사이에 활발한 교역이 이루어졌다는 사실이 밝혀졌다. 이러한 주장을 뒷받침해주는 증거는 여러 가지가 있다. 예를 들면 고대 인더스 지역에서 제조된 라피스라줄리(청금석)가 메소포타미아 유적에서 발견되고 메소포타미아 지역에서는 인더스식 인장(印章)이 발굴되었다.

이 두 문명은 해로와 육로 양방향으로 연결되었다. 기원전 2350년 무렵 메소포타미아 비문에 "메르하의 배를 부두에 댔다"라는 문구가 새겨져 있는데, 여기서 '메르하'는 인더스 지역을 의미한다. 또 인도에는 로탈(Lothal) 같은 아라비아해에 면한 유적이 있으며 이들 지역은 해상 무역도시였을 것으로 추측한다. 메소포타미아와 인더스는 전혀 다른 문명으로 여겨지지만 사실 페르시아만이나 아라비아해를 이용한다면 두 문명의 교류와 교역은 얼마든지 가능한 일이었다.

투탕카멘 왕의 마스크에 박힌 보석 라피스라줄리가 인더스 문명에서 수입한 것이었다고?

가장 널리 알려진 고대 문명이라면 누가 뭐래도 이집트 문명을 꼽을 수 있다. 찬란한 이집트 문명을 상징하는 인물 가운데 고대 이집트 제18왕조의 제12대 왕 투탕카멘(Tutankhamen, 재위 1333~1324 BC)이 특히 유명하다. 기원전 14세기 이집트를 다스린 이 파라오

〔지도 2〕 출(出)아프리카 지도

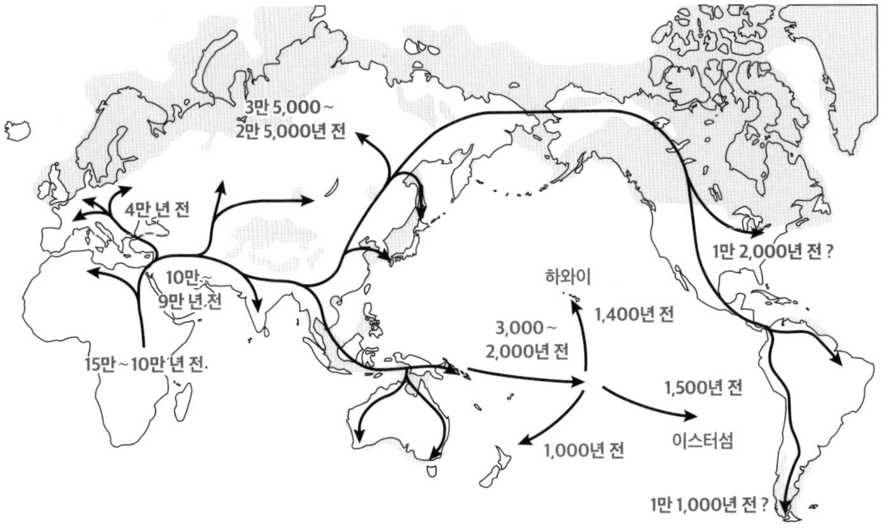

의 왕묘에서 황금관, 황금 마스크 등의 수많은 유물이 쏟아져 나와 사람들을 깜짝 놀라게 했는데, 투탕카멘 마스크의 푸른색으로 빛나는 부분이 바로 라피스라줄리다. 고대 이집트에서 라피스라줄리는 하늘과 저승을 관장하는 신 오시리스의 돌이라며 귀하게 여겨진 보석이었다. 그러나 이집트에서는 라피스라줄리가 나지 않는다. 그렇다면 이것은 어디에서 왔을까? 이를 두고 학자들은 인더스 문명에 속한 지역에서 수입되었을 거라고 주장한다. 다시 말해 메소포타미아뿐 아니라 이집트도 인더스 문명과 교역하고

학자들은 이집트에서 동쪽으로 뻗어 나간 고대 문명 세계를 '고대 오리엔트 세계'라고 부른다. 고대 오리엔트 세계에서는 인더스강 유역까지 미치는 범위에서 인간의 이동이 역동적으로 이루어졌으며 육로와 해로로 이동할 수 있는 길과 교역로가 연결되어 있었다.

있었던 것이다. 인류는 정착해서 농경생활을 시작하고 나서도 이동을 멈추지 않았다.

학자들은 이집트에서 동쪽으로 뻗어 나간 고대 문명 세계를 '고대 오리엔트 세계'라고 부른다. 고대 오리엔트 세계에서는 인더스강 유역까지 미치는 범위에서 인간의 이동이 역동적으로 이루어졌으며 육로와 해로로 이동할 수 있는 길과 교역로가 연결되어 있었다. 이 고대 오리엔트 세계가 바로 알렉산드로스 대왕이 정복한 지역이었다. 투탕카멘 사후부터 알렉산드로스 대왕이 출현할 때까지 1,000년 가까운 시간 동안 오리엔트 세계는 매우 활발히 교류를 이어나갔다. 그리고 이 지역 전체를 아우르는 통일제국이 출현함으로써 그들의 관계는 더욱 공고해졌다.

메소포타미아와 이집트 문명을 통일하여 오리엔트 세계를 지배한 '철'의 왕국 아시리아

고대 이집트 왕조는 기원전 3,000년 무렵 시작되었으며 흔히 고왕국(2686~2185 BC), 중왕국(2040~c. 18세기 BC), 신왕국(1570~c. 1070 BC)으로 구분된다. 이후 국력이 쇠퇴했으나 기원전 30년에 프톨레마이오스왕조가 고대 로마군에게 무너질 때까지 왕조는 3,000여 년간 이어졌다.

이집트(신왕국)가 힘을 잃고 종이호랑이 신세로 전락하면서 오리엔트 세계에 일대 혼란이 벌어졌다. 그 틈을 놓치지 않고 오리엔트 전체를 통일한 것이 바로 아시리아제국이다.

오늘날 이라크 북부 지역에 도시국가를 건설한 아시리아인은 이란 고원의 주석 교역을 독점했으며 중계무역으로 번영을 누리다가 기원전 15세기 무렵 메소포타미아 북부를 지배하던 후르리인(Hurrian)이 세운 미탄니(Mitanni)왕국에 복속되었다.

아시리아인은 철을 기반으로 세력을 확장해 오리엔트 일대를 주름잡는 최강자의 지위를 누렸다. 그러나 그들의 오리엔트 패권은

〔지도 3〕 **아시리아의 최대 영토**

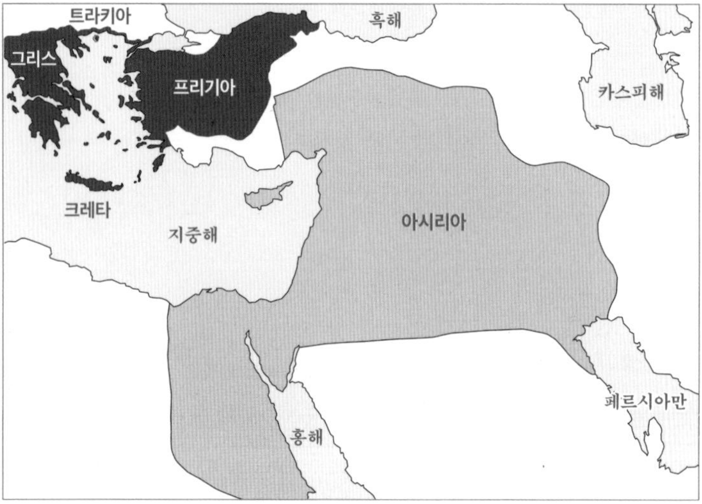

오래가지 못했다. 아시리아는 어떻게 당대 최첨단 무기인 철을 손에 넣었을까? 그들은 히타이트의 철기 제조 기술을 계승한 동시에 철광석 산지 아르메니아를 장악해 차츰 힘을 키워나갔다. 기원전 9세기에 철제 전차와 기병대를 도입한 아시리아는 기원전 8세기 말 시리아, 페니키아, 바빌론을 차례로 병합하고 이스라엘 왕국을 멸망시켰다. 그리고 마침내 이집트를 정복함으로써 역사상 최초로 메소포타미아에서 이집트에 이르는 광대한 오리엔트 세계를 지배하게 되었다. 이는 기원전 663년의 일이다.

아시리아의 오리엔트 통일로 메소포타미아 문명과 이집트 문명이 통일되었다. 원래 인접한 지역이었기에 교역이 시작되었고 문명 사이의 왕래가 활발했다고 생각하기 쉬운데, 두 지역의 통일은 이 시기에 비로소 실현되었다.

아케메네스왕조 페르시아의 번영을 가능케 한 '왕의 길'이 역설적으로 훗날 알렉산드로스를 끌어들여 패망을 앞당겼다?

아시리아제국은 신바빌로니아(메소포타미아 남부)와 메디아(이란고원 북부에 세워진 왕국) 연합군의 공격으로 멸망했다. 기원전 612년의 일이다. 이후 신바빌로니아, 메디아, 이집트 그리고 소아시아의 리디아로 분열된 오리엔트 세계를 아케메네스왕조 페르시아가 재

통일했다.

메디아에 복속되어 있던 아케메네스 가문은 키루스 2세(Cyrus the Great, 재위 559~530 BC) 시절 독립해 아케메네스왕조 페르시아제국이 되었다. 이는 기원전 550년 무렵의 일이다. 신바빌로니아를 무너뜨리고 '바빌론 유수(Babylonian Captivity)'로 사로잡혀 포로가 되었던 유대인을 해방한 사람이 바로 키루스 2세였다. 페르시아제국은 다리우스 1세(Darius the Great, 재위 522~486 BC) 시대에 이집트에서 인더스강 유역까지 통치하는 대제국으로 성장했다.

〔지도 4〕 **아케메네스왕조 페르시아의 영토**

아케메네스왕조 페르시아는 제국 안에서 '왕의 길(Royal Road)'로 불린 도로망을 정비했다. 이 도로는 이집트에서 메소포타미아, 그리고 인더스까지 이어지던 오리엔트 통상로를 기초 삼아 완성된 것으로 추정된다.

알렉산드로스 군대는 이 '왕의 길'을 지나며 페르시아제국을 제패하고 인도를 향해 나아갔을 것이다. 시대와 상황이 달라짐에 따라 소수의 상인이 지나다니던 통상로가 알렉산드로스 대왕의 대규모 군대가 통과하는 군사 도로로 바뀐 셈이다.

알렉산드로스 대왕이 오래 살았더라도 그가 전쟁으로 지배한 광대한 영토를 질서정연하게 다스리지 못했을 것으로 보는 근원적 이유

오리엔트 세계의 변천을 살펴보면 알렉산드로스 대왕의 원정 성과가 한 세대에 이루어진 것이 아님을 알 수 있다. 오랜 세월 축적된 과거의 유산이 있었기에 가능한 일이었던 것이다.

마케도니아는 그리스 세계에서 예외적으로 광대한 지역을 지배하고 다스리던 국가였다. 이 나라는 어떻게 그토록 강대해질 수 있었을까? 두 가지 점 덕분에 가능했다고 본다. 하나는 마케도니아가 그리스 세계에 속해 있으면서도 그 핵심에 들지 못하고 변방에 머

무른 탓에 무사 안일주의에 빠지지 않고 도전정신을 유지할 수 있었다는 점이다. 또 하나는 필리포스 2세에서 알렉산드로스 3세로 이어지는 위대한 영웅 군주의 출현으로 잠재력과 에너지를 극대화할 수 있었다는 점이다. 아무튼 마케도니아는 그리스 폴리스 쇠퇴기에 본격적으로 굴기해 신흥 강자로 떠올랐다. 그리고 한발 더 나아가 그리스 세계의 명실상부한 지배자 자리에 올랐고 그리스의 숙적 페르시아에 도전해 눈부신 승리를 거두었다.

알렉산드로스 대왕이 그토록 빠른 속도로 놀라운 원정을 감행할 수 있었던 배경으로 놓치지 말아야 할 요인이 한 가지 더 있다. 그것은 바로 인더스 문명과 오리엔트의 상업망에서 시작해 아케메네스왕조 페르시아가 공들여 정비한 교역로를 아우르는 장대한 교통망이 자리하고 있었다는 사실이다. 이는 인더스강 유역에 도달한 마케도니아군이 동쪽으로 더 진군하지 않고 기수를 돌렸다는 사실이 방증한다.〈지도 5〉 왜 그랬을까? 아마도 10여 년에 이르는 오랜 전쟁으로 피로감이 극에 달한 장병들 사이에 '이제 슬슬 전쟁을 마무리하고 고향으로 돌아가고 싶다'는 분위기가 팽배한 탓이 크지 않을까.

그러나 사실 그보다 좀 더 본질적인 이유가 있었다. 그것은 바로 인더스강 유역까지 오리엔트—인더스 통상권이었던 데다 그 너머는 그때까지 개척되지 않았기 때문이다. 그도 그럴 것이 인도 역사를 살펴보아도 인도아대륙 전체를 통일한 왕조는 드물었다.

〔지도 5〕 **알렉산드로스 대왕이 이끈 마케도니아군의 원정 경로**

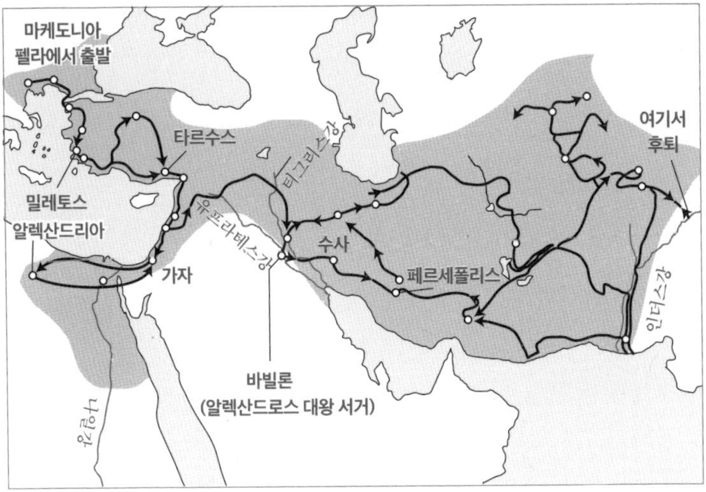

오랫동안 알렉산드로스 대왕의 동방 원정이 동서 문화를 융합해 헬레니즘 문화를 탄생시켰다는 주장이 힘을 얻어왔다. 물론 그의 정복 사업이 많은 사람과 물자의 이동을 촉진했다는 것은 역사적 사실이다. 그렇기는 해도 헬레니즘 문화에 대한 과거의 평가, 즉 '우수한 그리스 문명이 오리엔트와 인더스에까지 영향을 미쳤다'라는 견해는 오늘날 학계에서 받아들여지지 않고 있다. 그보다는 알렉산드로스 대왕 이전에도 동서 문화·경제 교류는 꾸준히 있어왔고, 그러한 과거의 유산이 오히려 알렉산드로스 대왕의 동방 원정을 가능하게 한 원동력이었다고 보는 것이 옳다. '앞서 가

던 그리스에서 후진적인 오리엔트와 인도로 문명을 전파했다'는 구도가 아닌(실제로 오리엔트의 경제와 문물이 그리스보다 훨씬 풍요로웠다) 서로에게 없던 것을 얻는 '더불어 이로운 교역 모델'이었다고 생각하는 게 실제 역사에 더 가깝다.

알렉산드로스 대왕은 젊은 나이에 세상을 떠났다. 기원전 323년의 일이다. 이후 그의 거대한 제국은 프톨레마이오스왕조의 이집트, 셀레우코스왕조의 시리아, 안티고노스왕조의 마케도니아 세 나라로 분열되었다. 한번 가정해보자. 만약 알렉산드로스 대왕이 그렇게 일찍 눈을 감지 않았더라면 그의 제국은 어떻게 되었을까? 그렇더라도 그토록 드넓은 영토를 오랫동안 제대로 통치하는 일은 사실상 불가능했을 것으로 나는 본다. 왜냐하면 광대한 영토를 질서정연하게 다스리는 데 필요한 체제와 지식, 경험 등이 당시 마케도니아로 대표되는 그리스에는 결정적으로 부족했기 때문이다. 오리엔트에서 중앙아시아에 걸친 정치적 통일은 훨씬 후대인 아바스왕조(750~1258) 시대에 이르러서야 비로소 이루어졌다.

알렉산드로스 대왕은 젊은 나이에
세상을 떠났다. 만약 알렉산드로스 대왕이
그렇게 일찍 눈을 감지 않았더라면
그의 제국은 어떻게 되었을까?

VITAL POINT OF HISTORY

2

바이킹은 왜 콜럼버스보다 500년 먼저 아메리카대륙에 발을 디디고도 '최초 발견자'로 널리 알려지지 못했을까?

때로는 교역자로, 때로는 약탈자로

잠깐 〈지도 6〉을 보자. 8세기부터 12세기까지 400여 년간 유럽의 바다를 장악한 세력은 북유럽 스칸디나비아반도를 본거지로 삼은 바이킹이라는 사실을 확인할 수 있다. 우리는 수많은 이야기와 영화 탓에 바이킹이라고 하면 흔히 '약탈을 일삼는 무지막지한 해적'의 이미지를 떠올린다.

물론 바이킹이 여러 지역을 다니며 약탈 행위를 벌였다는 기록이 분명히 남아 있기는 하다. 그렇다고 해서 바이킹이 오로지 약탈로만 연명한 것은 아니라는 점도 명확하다. 바이킹은 유럽뿐 아니라 비잔틴제국, 이슬람 상인과 활발히 교역했고 신대륙에도 발자국을 남긴 항해자, 전 세계를 누빈 유능한 상인이기도 했다.

역사의 관점에서는 '약탈 행위'와 '상행위'가 명확히 구분되지 않는다. 왜 그럴까? 상품을 사는 측과 파는 측의 입장이나 생각이 동일하지 않기 때문이다. 사실 특정 상품을 두고 파는 사람과 사는 사람이 각각 생각하는 가격에 차이가 있는 것은 당연하다. 오히려 판매자와 소비자 모두 동등한 입장에 서 있거나 둘 다 만족하는 상황을 만나기가 어렵다. 예를 들어 사는 쪽이 갑의 지위라서 파는 쪽의 기대보다 훨씬 낮은 가격에, 거의 반강제로 사고파는 행위가 이루어지는 상황이라면 이는 한편으로 '약탈 행위'이면서 동시에 '상행위'인 것이다.

13세기 아이슬란드에서 집필된 『에길의 사가(Egil's Saga)』는 바이킹이자 아이슬란드의 농장주였던 에길 스칼라그림손(그의 할아버지는 노르웨이의 농부였다)의 생애를 그린 작품이다. 여기서 바이킹은 '때로는 교역자로, 때로는 약탈자'로 묘사되었다.

지금까지 바이킹을 다룬 문헌은 대부분 그들에게 침략당한 서유럽 국가에 남아 있는 자료였다. 말하자면, 피해자 측의 기록이므로 자연스럽게 '바이킹=약탈자'의 공식이 성립했던 셈이다.

그러나 최근 고고학 연구와 조사가 활발히 이루어지면서 바이킹의 이미지가 상당히 달라졌다. 예를 들어 영국의 요크, 아일랜드의 더블린, 프랑스의 루앙 등지에서 바이킹이 세운 도시 수준의 집단 거주지가 발견되었다. 또한 스웨덴에서는 비르카섬의 비르카, 옛 덴마크 영토에서는 유틀란트반도의 헤데뷔 등지에서 도시 수준의 유적이 발견되었다. 학자들은 이들 유적을 모두 바이킹의

〔지도 6〕 **바이킹의 주요 항로와 점령 거주지**

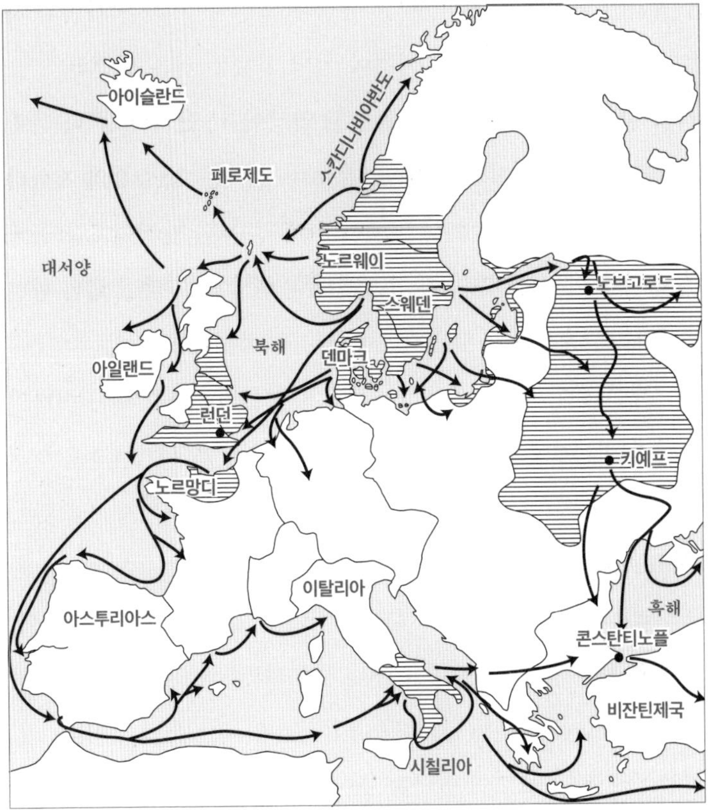

무역 거점으로 추정했다. 이러한 최신 학계의 정보를 고려해 이 책에서는 약탈자가 아닌 상인으로서의 바이킹에 초점을 맞추고자 한다.

바이킹이 콜럼버스보다 500년 일찍 아메리카대륙을 발견하고도 '최초 발견자'로 인정받지 못하는 이유

바이킹의 활동 영역을 다시 살펴보면 그 엄청난 규모에 혀를 내두르게 된다. 그중에서도 덴마크에서 아일랜드를 침략한 바이킹이 특히 유명하다. 그들은 '데인인(Danes)'이라고 불렸으며 그들이 정착한 잉글랜드 동부 지역은 '데인로(Danelaw)'라고 한다. 986년 덴마크와 노르웨이 국왕이 된 스벤 1세(Svend I, 덴마크와 노르웨이 국왕 재위 986~1014, 잉글랜드 국왕 재위 1013~1014)는 잉글랜드를 공략해 1013년에 잉글랜드 국왕이 되었다. 그리고 뒤이은 크누트 1세(Cnut the Great, 재위 1016~1035)는 광대한 북해제국을 건설했다.

바이킹은 '노르만인'으로도 불렸다. 10세기 초 노르만인 부족 롤로(Rollo)가 프랑스 북서부를 침략해 정복한 지역이 노르망디다. 롤로 일족은 노르망디 공이 되었고, 1066년 노르망디 공 기욤 2세(Guillaume le Conquérant)가 잉글랜드로 쳐들어가 왕좌를 차지하고 윌리엄 1세(William the Conqueror, 재위 1066~1087)로 즉위했다. 이것이 바로 '노르만 정복(Norman conquest)'으로, 이때부터 잉글랜드에 노르만왕조가 열렸다. 노르망디에서 지중해로 진출한 노르만인이 시칠리아섬을 점령하고 시칠리아왕국을 세운 것은 1130년의 일이다.

덴마크 바이킹이 서쪽으로 나아갔다면 스웨덴 바이킹은 동쪽으로 진출해 9세기 후반 러시아에 노브고로드 공국 등을 세웠다.

같은 시기 노르웨이 바이킹은 아이슬란드 식민지 개척에 공을 들이고 있었다. 1000년 무렵, 그들은 그린란드까지 진출했다. 이후 그린란드의 바이킹 '행운아' 레이프 에릭손(Leif Erikson, Leifr Eiríksson)이 북미대륙으로 건너가 '빈란드(Vínland, 포도가 나는 땅)'라는 이름의 식민지를 건설했다. 당시 바이킹이 건설한 식민지는 고고학적으로도 확인되었는데, 캐나다 뉴펀들랜드심 유적에서 바이킹이 사용했던 물레 등의 유물이 발견되었다. 이는 960년대의 일이다. 콜럼버스가 서인도제도에 도달한 때가 1492년이니 500년 가까이 먼저 신대륙을 발견하고 깃발을 꽂은 셈이다.

바이킹의 역사를 되짚어보면 꽤 오랫동안 바이킹이 전 유럽을 통틀어 가장 강력한 세력으로 인정받았을 가능성이 커 보인다. 그러나 실제로 바이킹은 유럽을 확실히 지배하지 못했다. 이유가 뭘까? 그들은 정복과 통치를 위한 체제를 체계적으로 정비하지 못했다. 그들이 정복 지역을 통합하고 거대한 통일제국을 완성하는데 실패한 것은 그런 연유에서였다.

이러한 역사적 사실을 바탕으로 우리는 바이킹이 약탈자보다는 상인에 더 가까운 존재였으리라 유추할 수 있다. 그도 그럴 것이 상인은 상거래로 이익을 얻는 것이 주목적이므로 영토를 차지하고 다스리고 경영하는 일에는 그다지 큰 관심을 두지 않는다. 더구나 바이킹은 신대륙에서도 정착에 성공하지 못하고 철수했기에 오늘날까지도 최초의 '신대륙 발견자'로 인정받지 못하는 측면이 있다.

바이킹의 대항해를 가능하게 한 배는 '롱십(Longship)'이었다. 가늘고 긴 모양의 이 배는 흘수가 낮다는 특징이 있다. 롱십에는 노가 달려 있었을 뿐 아니라 100명 넘는 승조원이 탈 수 있었으며, 원거리 항해에도 활용할 수 있을 만큼 확실한 견고함을 갖춘 것으로 알려져 있다.

"무함마드 없이는 샤를마뉴도 없다!"

상인으로서의 바이킹에 관심을 가져보면 동쪽으로 향했던 그들의 움직임에 주목하게 된다. 〈지도 6〉을 보면 그들의 활동이 흑해와 카스피해, 나아가 비잔틴제국의 수도 콘스탄티노플까지 이르렀음을 알 수 있다. 또한 바이킹은 중근동과 중앙아시아에서 볼가강을 거슬러 올라가 동유럽과 북유럽으로 은화를 운송하기도 했다. 그리고 사만왕조(Samanid Dynasty, 9~10세기 프라하와 사마르칸트 등의 도시를 포함한 중앙아시아를 지배했던 이란계 왕조)가 다스리던 지역과 나중에 다시 설명할 아바스왕조(Abbasid Dynasty, 750~1258) 등의 이슬람 세계와도 적극적으로 거래했다.

지금까지 중세 유럽 경제라고 하면 대부분 지중해에 초점이 맞추어져 있었다. 말하자면 '지중해 중심 사관'이다. 이를 대표하는 역사가가 『무함마드와 샤를마뉴(Mahomet et Charlemagne)』(1937) 등을 저술한 앙리 피렌(Henri Pirenne)이다. 그의 학설을 간략히 소개하며 유럽과 이슬람 세계의 관계를 살펴보자.

앙리 피렌에 따르면, 로마제국 이후 유럽의 중심은 지중해에 있었다. 그는 또 476년 서로마제국이 멸망한 후에도 고대 지중해 세계라는 통일체제는 한동안 이어졌으며, 7세기 홍해 연안 메카에서 무함마드(Muhammad)에 의해 탄생한 이슬람 세계가 이를 무너뜨렸다고 주장했다.

서로마제국 멸망 후 유럽을 제패한 세력은 프랑크왕국(Kingdom of the Franks)이었다. 프랑크왕국에는 메로빙거왕조(Merovingian Dynasty, 481~751)와 카롤링거왕조(Carolingian Dynasty, 751~987)라는 두 왕조가 버티고 있었다. 한데 앙리 피렌의 주장에 따르면, 메로빙거왕조 시대에는 고대 로마 이후의 지중해 상업이 명맥을 유지했으나 카롤링거왕조 시대에 접어들면서 명맥이 끊어져 유럽 세계의 중심이 내륙부로 이동했다고 한다. 카롤링거왕조의 국왕 샤를마뉴(Charlemagne, 재위 768~814)는 무함마드가 지중해 세계를 침략했기에 왕위에 오를 수 있었다. 즉, '무함마드 없이는 샤를마뉴도 없다'라는 것이 앙리 피렌의 주장이었다.

> 8세기의 막이 열릴 무렵, 지중해를 동서로 누비는 해운은 이미 과거 속으로 사라져버렸다. 즉 비잔틴 연안의 교통을 제외하면 지중해에

바이킹의 대항해를 가능하게 한 배는 '롱십'이었다. 가늘고 긴 모양의 이 배는 흘수가 낮다는 특징이 있다.
롱십에는 노가 달려 있었을 뿐 아니라 100명 넘는 승조원이 탈 수 있었으며, 원거리 항해에도 활용할 수 있을 만큼 확실한 견고함을 갖춘 것으로 알려져 있다.

서 이제 '교통'이라고 부를 만한 통로는 모조리 자취를 감추었다. 또한 과거 유럽 세계의 레반트(지중해 동부, 오늘날의 시리아, 레바논, 이스라엘 등을 포함한 지역) 무역 전초 기지였던 마르세유 항구도 쇠락했다. 그때까지 이어진 지중해의 경제적 통일이 이 시대에 무너졌고, 재기하려면 십자군 시대를 기다려야 했다. 게르만 민족의 침입에도 용케 버텨내며 유지되던 지중해의 경제적 통일은 이슬람의 거센 공세에 속절없이 무너져 내렸다.(앙리 피렌, 『무함마드와 샤를마뉴』 중에서)

그리고 앙리 피렌은 이렇게 쇠락했던 유럽 상업이 부활하게 된 것은 이슬람 세력이 지중해에 진출하면서부터라고 했다. 이는 11~12세기의 일이다. 이때 이탈리아 북부 베네치아와 제노바 등의 상인이 레반트 무역에 나서서 향신료 등을 유럽에 들여오기 시작했다. 또 베네치아와 제노바의 상인은 플랑드르(오늘날의 네덜란드 남부, 벨기에 서부, 프랑스 북부에 걸친 지역)를 비롯한 북유럽의 여러 도시와 교역을 개시했다. 이 과정에서 이탈리아와 북유럽을 연결하는 내륙 교통로가 발달하며 프랑스 북동부 샹파뉴에서 정기 시장이 열리는 등 내륙 여러 도시가 동시에 발전을 구가했다. 다시 말해 이탈리아 상인의 주도로 지중해 무역이 부활함으로써 유럽 경제가 활기를 되찾았고 지중해와 유럽 대륙의 내륙을 잇는 네트워크도 완성되었다. 이런 현상이야말로 '상업의 부활'이라는 것이 앙리 피렌의 논지다.

앙리 피렌이 1925년에 출간한 『중세 유럽의 도시(Medieval Cities: Their Origins and the Revival of Trade)』를 잠깐 살펴보자.

> 그 덕분에 해를 끼치지는 않고 면역력만 키워주는 유행병처럼 베네치아와 플랑드르를 중개지로 삼아 동방세계와 접촉하는 두 지점에서 시작된 상업이 유럽 전역으로 퍼져나갔다. 그리고 마침내 북쪽에서 온 상업의 물결과 남쪽에서 온 상업의 물결이 조우했다. 두 물결의 접촉은 브루게에서 베네치아로 자연스럽게 이어지는 통로의 중간 지점인 샹파뉴 평원에서 실현되었다.

앙리 피렌의 학설은 학계에서 상당한 영향력을 발휘했다. 그러나 이 학설에는 바이킹의 존재가 빠져 있다. 게다가 종교와 종파가 다른 사람들이 어떻게 상행위를 성사시켰는지를 설명하는 '서로 다른 문화 사이의 교역 개념'도 빠져 있다.

관점을 바꾸어 '바이킹과 이슬람 세계'로 이 시대를 바라보면 지중해뿐 아니라 북해와 발트해, 한발 더 나아가 흑해와 카스피해까지 이어진 훨씬 역동적이고 장대한 경제 움직임이 비로소 시야에 들어오기 시작한다.

나는 중세 서유라시아 세계에서 경제·교역의 주역은 이슬람 세계였다고 생각한다. 유럽은 이슬람 경제 네트워크 일부에 지나지 않는다는 관점이 좀 더 정확할 것이라고 본다.

유럽과 이슬람 세계를 연결하는 상업 네트워크의 가장 중요한 역할을 담당한 바이킹

이슬람 세계와 유럽 세계로 세력을 확장한 거대한 상업 네트워크의 가장 중심적 존재는 전성기에 이베리아반도에서 중앙아시아에 걸친 대제국을 건설한 아바스왕조였다.

750년에 건국된 아바스왕조는 이슬람 세계에 '아바스 혁명(Abbasid Revolution)'으로 불릴 정도로 일대 전환을 몰고 왔다. 아바스왕조 이전에는 같은 이슬람교도(무슬림)라고 해도 정통 아랍인이 아니면 지즈야(jizyah)라는 인두세를 강제로 징수하는 등 아랍인과 외부인 사이에 큰 차별을 두었다. 그러나 아바스왕조는 이러한 격차를 철폐하고 이슬람교도라면 누구나 차별 없이 평등하게 대우했다. 말하자면 아랍인 제국에서 이슬람교도의 제국으로 거듭나는 일대 전환을 이룬 셈이다.

탈라스전투에서 중국 당나라 군대를 격파한 아바스왕조는 유라시아대륙을 횡단해 아프리카대륙에 이르는 장대한 교역로를 건설했다. 762년 아바스왕조의 수도가 된 바그다드는 장거리 무역로의 요충지로 자리매김했다.

이 거대한 상업 네트워크에서 바이킹은 유럽과 이슬람 세계를 연결하는 가장 중요한 역할을 담당했다고 추정된다.

바이킹은 발트해, 흑해, 카스피해 사이를 잇는 큰 강을 따라 동

〔지도 7〕 **아바스왕조의 최대 영역**

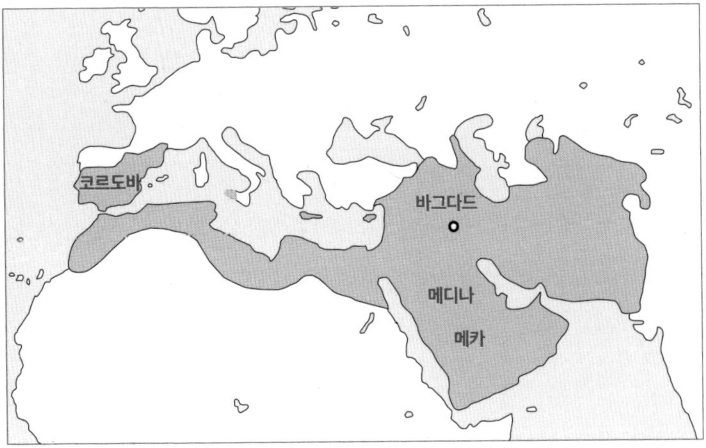

쪽으로 이동했다. 그들이 북방으로부터 이동하며 볼가강을 따라 자연스럽게 형성된 시장에서 판매한 주요 상품은 모피와 '사칼리바(Saqaliba)'라고 부르던 슬라브인 노예였다. 모피와 노예를 건넨 대가로 중근동과 중앙아시아의 향신료, 비단, 무기 갑주, 은화 등을 넘겨받아 발트해와 북해 연안으로 들여왔다. 실제로 샤를마뉴 대제가 화폐제도 개혁을 단행할 때 공급된 은이 이슬람 세계에서 발트해를 넘어온 것이라는 설이 있을 정도다.

당시 노예는 중세 유럽과 이슬람을 오가며 활발히 거래된 상품 중 하나였다. 가령 프랑스의 베르됭은 이슬람이 지배하던 스페인과의 사이에 노예무역이 활발히 이루어진 지역이며 이탈리아 상인도 흑해에서 노예를 거래했다.

여기서 중요한 것은, 앙리 피렌의 주장대로 '이슬람 상인이 부상하면서 기독교 세계의 이탈리아 상인이 지중해에서 배제되었다'는 내용이 아니다. 흥미로운 점은 상업이 종종 종교와 민족 등의 벽을 넘어 이루어진다는 사실이다. 이슬람 상인은 이슬람교를 믿지 않는 바이킹과 적극적으로 교역했다. 이로써 '서로 다른 문화 사이의 교역'이 성립했다.

사실 이런 현상은 지중해에서도 일어났다. 오늘날 연구자들은 이슬람 세력으로 인해 서유럽이 비잔틴에서 떨어져 나와 폐쇄된 사회가 되었다고 생각하지 않는다. 현실에서는 지중해가 온전히 이슬람의 바다가 된 것이 아니었다. 또한 유럽 연안에서는 유럽인이 주도하는 교역이 단절 없이 활발히 이루어지고 있었다. 다시 말해 아바스왕조를 중심으로 한 광대한 상업 네트워크의 서쪽 끝, 즉 지중해 유럽 권역은 유럽 상인이 분담했다. 유럽은 이슬람 네트워크의 일부에 편입되었던 것이다.

바이킹의 교역로가 없었다면 한자동맹의 번영도 없었을 것이다?

그러나 원거리 항해에 능하고 호전적이던 바이킹이 상인으로서는 어느 정도 한계를 지니고 있었다는 지적은 피할 수 없다. 바이킹은 유럽 동부의 모든 하천 네트워크를 지배하는 데까지는 이르지 못했고 그저 느슨한 상업 네트워크에 참여한 다양한 상인 그룹 중 하나에 지나지 않았다.

더구나 바이킹의 교역 거점은 예외 없이 소규모 수준에 머물렀다. 앞에서 소개한 비르카와 헤데뷔의 인구는 몇백에서 몇천 명 수준에 머물렀다고 알려져 있다. 어느 아랍인 여행자가 말했듯 중동의 대도시(아바스왕조의 수도 바그다드는 전성기에는 150만 명의 인구를 자랑했다)와 비교하면 바이킹의 교역 거점은 아담하고 원시적인 소규모 정착지 수준으로 문명화의 가능성을 찾기 어렵다. 규모가 작은 경우 쇠퇴기에 접어들기 시작하면 몰락 속도가 점점 더 빨라지는 것이 교역 거점의 특징이었는데, 바이킹의 교역 거점 대부분이 이러한 경우였다.

그러나 바이킹이 개척한 북해와 발트해 상업 네트워크를 이후 한자동맹이 계승했다. 한자(Hanse)란 '단체', 즉 '상인 조직'을 뜻한다. 독일 뤼베크를 중심으로 뭉친 도시 공동체인 한자동맹은 12세기 후반부터 15세기에 걸쳐 북유럽 교역을 주도했는데 바이킹의 교역로가 없었더라면 한자동맹의 번영도 없었을 가능성이 크다. 이후 한자동맹의 후계자로 아시아의 바다까지 진출한 이들이 바로 네덜란드 상인이었다. 세계사에서 바이킹이 담당한 역할은 주목하고 연구할 만한 가치가 충분하다.

VITAL POINT OF HISTORY

3

신항로 개척시대 초기, 포르투갈이 아시아의 향신료보다 더 눈독 들인 물품은 무엇이었을까?

대항해시대 초기 포르투갈은 아시아의 향신료가 아니라 '아프리카의 황금'을 노렸다는데?

크리스토퍼 콜럼버스(Christopher Columbus)의 아메리카대륙 발견(1492), 바스쿠 다가마(Vasco da Gama)의 인도 항로 개척(1498), 마젤란(Ferdinand Magellan) 함대의 세계 일주(1522). 15세기부터 17세기 중반에 이르는 '대항해시대'는 유럽의 세계 지배 원점으로 일컬어지곤 한다.

여기서 한 가지 궁금증이 생긴다. '대항해'라는 단어는 어떻게 생겨난 용어일까? 그리고 대항해는 유럽에 과연 무엇을 가져다주었을까?

사실 '대항해시대'는 일본인이 만들어낸 용어다. 영어로 곧장 옮기면 Age of Great Navigation이라 할 수 있겠는데, 영어 문헌에서는 이런 유의 문구를 찾아볼 수 없다. 그럴 수밖에 없는 것이 '대항해시대'는 일본의 라틴아메리카 역사 연구자인 마스다 요시오(增田義郎)가 만든 용어이기 때문이다. 실제로 영미권에서는 The Age of Great Discoveries, 즉 '위대한 발견의 시대'라고 주로 말한다. 어쨌거나 아메리카대륙이든 인도 항로든 당시 유럽인에게는 '발견'에 지나지 않았음을 잊지 말아야 한다.

대항해시대는 구체적으로 언제부터 언제까지를 의미할까? 사실 이는 상당히 까다로운 문제가 아닐 수 없다. 일반적으로는 아프리카대륙 서북단 세우타에 포르투갈 식민지를 건설한 1415년부터 러시아인이 유라시아대륙 동쪽 끝에 다다른 1648년까지를 지칭한다. 그렇다면 18세기 중반 이후에 태평양을 횡단하고 하와이를 발견한 영국의 제임스 쿡(James Cook)은 대항해시대와는 상관없는 인물인가 하는 의문이 생긴다. 아무튼 여기서는 유럽인이 여러 바다로 진출한 근세를 아울러 지칭한다는, 좀 더 넓은 의미의 정의를 차용해 설명할 생각이다.

자, 이쯤에서 첫머리의 의문으로 되돌아가보자. 대항해는 어떻게 시작되었을까? 인도를 목표로 잡았다가 신대륙에 도착한 콜럼버스와 인도 항로를 개척한 바스쿠 다가마가 워낙 강렬한 인상을 남긴 덕분인지 '유럽인은 인도가 곧 아시아를 가리키며, 동양의 향신료 등 진귀한 물건을 찾아 대항해를 시작했다'라는 이미지를 떠올리는 경향이 있다.

그런데 이는 사실과 다르다. 포르투갈 뱃사람들은 희망봉을 돌아 인도에 도착했으나 포르투갈이 대항해를 시작했을 무렵에는 딱히 아시아를 목적지로 삼지 않았다. 그보다 포르투갈인은 아프리카로 가기 위해 대항해를 시작했다고 보는 것이 좀 더 합리적인 추론이다. 유럽인은 아시아의 향신료가 아니라 '아프리카의 황금'을 노렸던 것이다.

카르타고 명장 한니발이 로마를 공격하기 위해 끌고 간 코끼리는 인도코끼리였을까 아프리카코끼리였을까?

당시 유럽에서는 아프리카의 황금이 절실히 필요했다. 14세기 무렵 유럽의 금 생산량이 많이 늘었다지만 생산량은 소비량을 따라갈 수가 없었다. 유럽인은 부족한 금 수요를 서수단에서 산출한 금으로 메웠는데, 아프리카 금 유통은 아프리카 현지 상인과 이슬람 상인이 독점하다시피 했다.

아프리카 금을 둘러싼 무역의 역사는 7세기까지 거슬러 올라간다. 그 무렵 서아프리카에 가나왕국(7~11세기 후반)이 성립했고 사하라 사막을 횡단하던 이슬람 상인 덕분에 가나왕국의 살림살이는 눈에 띄게 윤택해졌다. 이슬람 상인은 사하라의 염전에서 암염을 캐내 가나왕국으로 들여왔다. 그러고는 소금을 금과 맞바꾸어 다시 사하라 사막을 동으로 가로질러 이슬람 세계로 금을 가져갔다.

흥미롭게도 가나왕국은 금 산지가 아니었다. 처음에 금은 세네갈강 상류 밤부크(Bambuk)에서 산출되었으나 이후 니제르강 상류의 부레(Bure), 이어서 동쪽의 볼타(Volta)강 인근 삼림지대로 채굴 지점이 이동했다. 가나왕국은 금광 자체가 아니라 금을 캐는 부족과의 교역을 독점해 금 유통 거점으로 번영했다. 가나왕국은 산업 육성을 위해 중앙집권화를 달성했다.

8~9세기에는 니제르강 연안의 도시 가오(Gao, 훗날 송가이왕국(Songhai Empire) 수도. 오늘날 말리 공화국)도 상업 거점으로 발달했다. 학자들은 가오가 당시 니제르강 유역에서 아랍 세계에 알려진 유일무이한 도시였을 것으로 추정한다.

그런데 문제는 사하라 사막을 횡단하며 장거리 무역을 하는 데 상당히 많은 시간과 비용이 소요된다는 점이었다. 게다가 사하라의 사막화가 꾸준히 진행된 터라 무역에 어려움을 겪을 수밖에 없어 차츰 쇠퇴해갔다.

사막화 이야기가 나온 김에 여담을 하나 살짝 곁들여보자. 제2차 포에니전쟁(218~201 BC)에서 로마를 무던히도 괴롭히고 치명적 타격을 입힌 카르타고의 명장 한니발이 갈리아에서 알프스를 넘어 이탈리아로 진격할 때 코끼리 수십 마리를 끌고 갔다고 전해진다. 그 코끼리들은 어디서 왔을까? 그 코끼리들은 인도코끼리였을까 아니면 아프리카코끼리였을까?

〔지도 8〕 **사하라 사막 교역로**

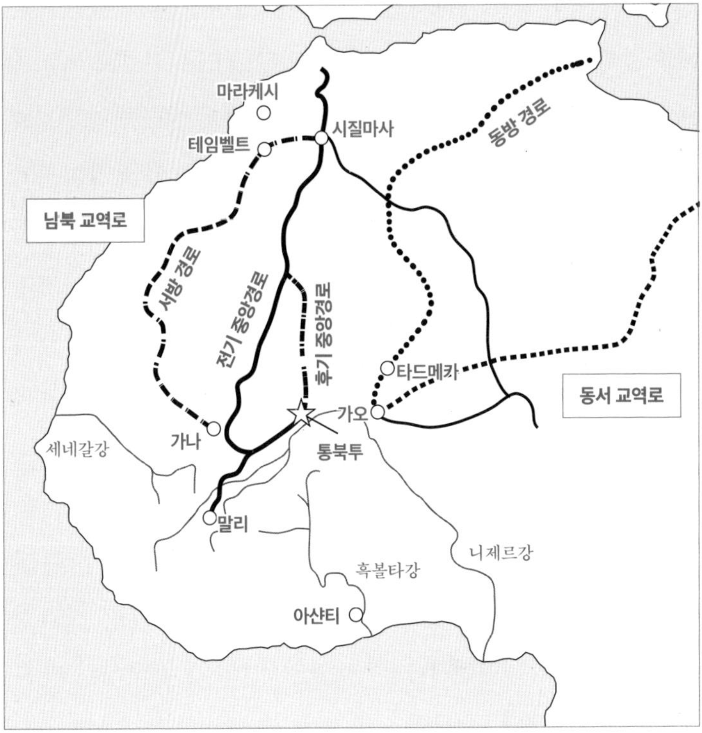

출처: 오지 도시아키, 『통북투 교역 도시의 역사와 현재(トンブクトゥ交界都市の歴史と現在)』, 臨川書店, 2016

학자들은 인도코끼리보다는 아프리카코끼리를 유력 후보로 보고 면밀한 조사에 들어갔다. 일종의 전쟁 도구로는 인도코끼리보다 아프리카코끼리가 더 적합하다고 보았기 때문이다. 게다가 카르타고의 지리적·환경적 요인 면에서도 아프리카코끼리 쪽일 가능성이 높았다. 당시 카르타고는 오늘날 튀니지를 본거지로 삼아 지중해 연안에서 이베리아반도까지 세력을 확장한 강대국으로, 이미 사막화가 상당히 진행된 그 시대에도 카르타고 주변에는 아프리카코끼리가 서식할 만한 환경이 갖춰져 있었다. 학자들은 한니발이 살던 시대의 코끼리는 오늘날의 코끼리보다 몸집이 다소 작고 온순했는데, 사막화가 급속히 진행되며 멸종했을 것으로 본다. 어쨌든 사하라 사막이 예나 지금이나 풀 한 포기 자라기 힘든 척박한 사막이라는 선입견은 잘못되었으며, 예전에는 풀이 무성하고 상인들이 동서로 오가며 상업 통로로 활용했던 시대도 있었다는 사실을 기억하자.

메카 순례길에 엄청난 양의 금을 뿌리고 다녀 카이로에 극심한 인플레이션을 일으켰던 '역사상 최고 부자' 만사 무사 국왕

사하라 횡단로가 쇠퇴한 후 10세기 중반에 들어서면서 새로운 교역로가 탄생했다. 사하라 사막을 남북으로 가로지르는 새로운 교역로를 담당한 것은 이슬람 상인이었다.

베르베르인이 북아프리카에 세운 무라비트왕조(Almoravid Dynasty, 1040~1147), 모로코에 세운 무와히드왕조(Almohad Dynasty, 1130~1269)의 주도로 서아프리카에도 이슬람교가 전파되었다.

금 산지인 서수단에서 가나왕국이 붕괴하고 한 세기도 더 지나 건국한 말리제국(Mali Empire, c. 1240~1670)도 이슬람교를 받아들여 이슬람권에 편입되었다. 상업의 중요성을 깨달은 말리제국은 상업 촉진 정책을 시행하고 영토 내에서 안전하면서도 투명한 무역 체제를 형성했다. 이 교역에서 거래된 주요 상품은 암염과 금이었다.

말리제국의 수도가 통북투다. 이 도시는 훗날 사하라 사막의 통상 거점으로 유럽에서는 '황금 도시'라는 별명을 얻을 정도로 번영을 누렸다. 사하라 사막 남쪽에 자리 잡은 기니 산지에서 채굴한 금이 통북투를 거쳐 단봉낙타의 등에 실려 사막을 건넜다.

아프리카, 인도, 중앙아시아, 중국, 비잔틴 제국을 여행한 탐험가 이븐 바투타(Ibn Battuta)는 통북투에서 가오까지 배로 이동했다. 두 도시는 니제르강으로 이어져 있었다.

말리제국의 번영을 대표하며 '인류 역사에서 가장 부유한 왕'으로 불리는 군주가 있다. 바로 '만사 무사(Mansa Musa)'라고 흔히 불리는 무사 1세(Musa I, 재위 c. 1312~c. 1337, '만사'는 지배자 또는 왕이라는 의미)인데, 그의 이름에는 언제나 '황금 전설'이 따라다녔다. 이슬람교 신자였던 만사 무사가 메카를 순례하는 길에 어마어마한 양의 금을 뿌리고 다니는 바람에 카이로에서는 금값이 폭락하며 극심한 인플레이션을 겪었다는 전설 같은 일화도 전해 내려온다. 일설에 따르면 만사 무사의 재산은 오늘날의 화폐 가치로 4,000억 달러로, 최근 세계 최고 부자 자리를 차지한 테슬라 창업자 일론 머스크의 3,000억 달러 가까운 재산보다도 많은, 실로 어마어마한 액수였다고 한다.

이쯤에서 유럽으로 다시 눈을 돌려보자. 앞서 14세기에 접어들면서 유럽의 금 소비량이 비약적으로 늘어났다고 설명했다. 그러나 유럽인이 서아프리카에서 금을 들여오려면 반드시 넘어야 하는 높은 벽이 있었다. 그것은 바로 이슬람 상인들이었다.

사하라 횡단 무역은 새롭게 이슬람교 신자가 된 베르베르인이 차지했다. 또 이집트를 중심으로 위세를 떨친 이슬람 왕조인 맘루크왕조(Mamluk Sultanate of Egypt, 1250~1517)도 강력한 세력으로 떠올랐다. 사하라 횡단 무역에 발을 들인 유럽인은 이슬람 세력에게 금을 사와야 했다. 교역에서는 운송 비용을 쥐고 있는 쪽이 아무래도 유리할 수밖에 없다. 사하라 횡단로로 들여오는 금은 유럽에서는 만만치 않은 대가를 치러야 하는 상품이었다.

뱃멀미로 배에 타지 못했던 '항해 왕자' 엔히크

서아프리카에서 이슬람 상인을 거치지 않고 직접 황금을 확보하는 일에 도전한 이가 바로 포르투갈의 항해 왕자 엔히크(Infante Dom Henrique)였다.

포르투갈 '항해 왕자' 엔히크(Infante Dom Henrique, 1394~1460)

'항해 왕자'라는 별명이 무색하게 엔히크는 몸소 먼 거리 항해에 나선 적이 한 번도 없었다. 뱃멀미가 워낙 심했기 때문이다. 그는 직접 배를 타는 대신 물주로 나섰다. 엔히크 왕자는 든든한 후원자로 항해와 탐험사업에 자금과 인력을 지원하고 지휘했다.

엔히크 왕자가 파견한 항해자들은 1419년에 마데이라제도, 1427년에 아조레스제도를 발견했다. 이는 모두 대서양의 작은 섬들로 포르투갈령이 되었다. 그러나 이 단계에서는 아직 '대항해'라는 용어를 붙이기 이르다. 대항해의 목적이 서아프리카의 황금을 직접 수입하는 것이라면 그 시작점을 1444년으로 볼 수 있다. 그해에 포르투갈은 아프리카 서쪽 끝 카보베르데제도에 도달했고, 바야흐로 바닷길로 사하라 사막 남단에 가서 직접 서아프리카의 황금 교역에 참여할 수 있었다. 그리고 이 항로를 성공적으로 개척한 덕분에 포르투갈에서 최초로 금화를 주조할 수 있었다. 이는 1452년의 일이다. 1480년에 말리제국 수도 통북투에 입성한 것도 엔히크 왕자의 목적이 서아프리카와의 교역에 있었음을 보여준다.

고대의 가장 위대한 '신항로 개척자'는 누구였을까?

사실 따지고 보면 이 아프리카 연안을 도는 항로도 포르투갈인이 최초로 개척한 것이 아니었다. 그렇다면 누가, 언제 아프리카 항로를 맨 처음 개척했을까? 그 주인공은 페니키아인으로, 대략 2,500년 전 무렵의 일이다. 고대 그리스 역사가 헤로도토스에 따르면, 이집트의 파라오 네코 2세(Necho II, 재위 610~595 BC)의 명령으로 페니키아인이 홍해에서 출발해 희망봉을 돌아 3년여에 걸쳐 아프리카대륙을 한 바퀴 도는 항해에 성공했다고 한다. 그리고 기원전 5세기 카르타고에서 활동한 '항해자 한노(Hanno the Navigator)'가 아프리카 서안까지 항해했다는 전승이 남아 있다.

이러한 고대 항로 개척자 가운데 특히 페니키아인의 존재와 활약에 주목할 필요가 있다. 일반적으로 페니키아인은 에게문명에 속하는 크레타문명(2000~1400 BC)과 미케네문명(1600~1200 BC)이 쇠퇴한 이후 지중해 무역으로 큰 번영을 누린 민족으로 알려져 있다. 페니키아인은 동지중해 남안을 터전으로 삼았다. 그러나 이 지역은 경작에 적합한 토지가 적어 페니키아인은 바다로 나서서 항로를 개척할 수밖에 없었다. 페니키아인은 그러한 단점을 오히려 장점으로 승화해 지중해 각지에 식민지를 건설하고 기원전 12세기 무렵부터 지중해 물류를 독점하다시피 했다. 앞에서 카르타고의 한니발 이야기를 했는데, 카르타고도 페니키아인이 기원전 9세기 초반에 건설한 식민 도시였다.

페니키아인의 해상 네트워크는 지중해 전역과 홍해, 서아프리카와 지브롤터해협을 건너 북해까지 퍼져 있었다. 15세기에 들어서고 나서야 유럽인은 가까스로 고대 페니키아인이 수천 년 전에 오가던 바닷길을 더듬더듬 따라갈 수 있는 정도의 수준에 겨우 도달했던 셈이다.

다시 15세기 유럽으로 되돌아가보자. 초반에는 바닷길로 아프리카 기니에서 황금을 수입한다는 주요 목적으로 아프리카 서안을 따라 남하하다 보니 어느새 멀리 떨어진 미지의 고장에 도달했다. 이렇게 '대항해시대', 즉 신항로 개척시대의 막이 올랐다.

그리고 마침내 바르톨로메우 디아스(Bartolomeu Dias)가 희망봉에 도착했다. 1488년의 일이다. 이 항해로 유럽인은 아프리카대륙 남단을 돌아 바닷길로 아시아로 갈 수 있다는 사실을 알게 되었다. 연이어 바스쿠 다가마가 인도의 캘리컷(오늘날의 코지코드)에 도착했다. 이는 1498년의 일이다. 이후 포르투갈은 순식간에 인도양과 동남아시아에 식민지를 건설했고 유럽 각국은 앞다투어 아시아로 진출하게 되었다.

본래 바스쿠 다가마의 인도 항해를 이끈 주인공은 아마드 이븐 마지드(Ahmad Ibn Majid)라는 인물이었다고 한다. 그는 말린디(오늘날의 케냐) 출신으로 이슬람교를 믿는 뱃사람이었다고 알려져 있다. 아랍인이던 마지드는 항해술에 관한 탁월한 저작을 남겼는데 페르시아만, 인도양, 남중국해에 이르는 해역에 관한 정보가 그의 책을 통해 알려졌다. 한편 1492년에 콜럼버스가 신대륙에 도달한 이후 유럽뿐 아니라 아시아, 아메리카대륙까지 걷잡을 수 없는 신항로 개척시대의 쓰나미에 휩쓸리고 삼켜졌다.

콜럼버스가 아메리카대륙에 도달하기 전 아프리카와 아메리카 사이를 사람들이 오갔다는 주장은 과연 사실일까?

구대륙 유럽에서 아메리카대륙으로 가는 대서양 항로를 '발견'한 사람은 누구일까? 이 질문의 답에는 한 가지 흥미로운 주장이 담겨 있다. '이미 기원전 1500년 무렵 서아프리카에서 서인도로 항해했다'라는 주장이다. 흑인의 뼈가 신대륙에서 발견되며 콜럼버스의 아메리카 도달 이전에 아프리카와 신세계 사이를 사람들이 오갔을 수 있다는 가설이다. 설득력 있는 주장이라고 생각한다.

〈지도 9〉는 대서양 해류를 보여준다. 이 지도에서 흥미로운 부분은 '해류의 방향'이다. 대서양 북부에서는 아메리카대륙에서 유럽 쪽으로 해류가 흐른다. 반대로 남부에서는 아프리카에서 신대륙 쪽으로 해류가 흐른다는 사실을 알 수 있다. 신대륙으로 향하려면 유럽보다 아프리카가 유리했다.

나는 서아프리카 사람들이 이 해류를 타고 항해하면 신대륙(당시에는 신대륙이라는 말도 없었겠지만)에 도달할 수 있다는 사실을 알고 있었으리라 생각한다. 그럼에도 서아프리카에서 신대륙으로 가는 항해는 흔치 않았을 것이다. 그 사실을 방증하는 것이 '감염병'이다. 유럽인이 아메리카대륙으로 건너갔을 때 인디오는 구대륙에서 들어온 결핵과 천연두 등에 걸려 인구가 급격히 감소했다. 만

〔지도 9〕 **대서양 해류**

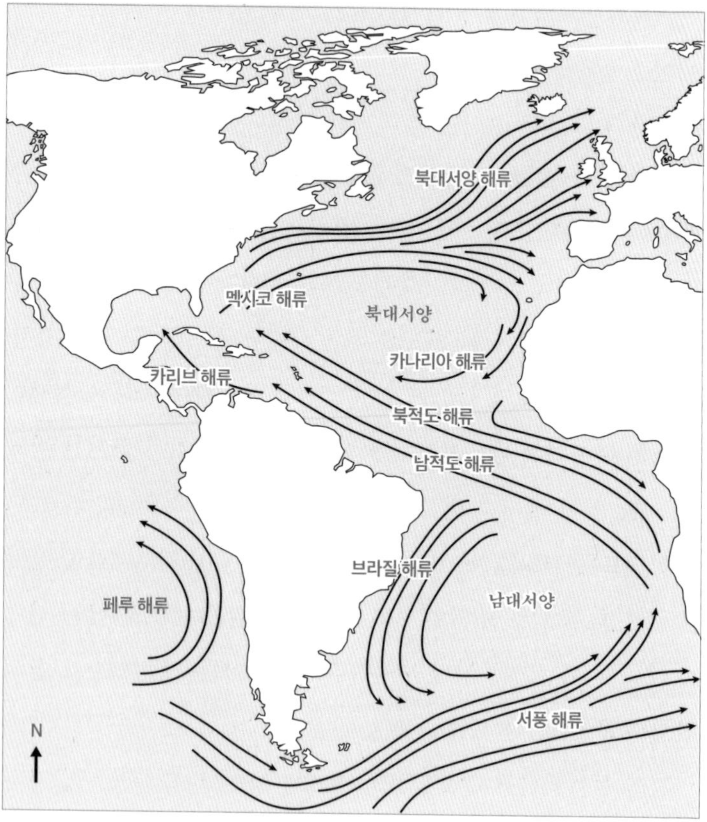

약 많은 아프리카인이 대서양을 건너갔더라면 이미 병원체를 가져가 인디오도 어느 정도 면역력을 가지고 있었을 가능성이 크기 때문이다.

향신료 운송로가 바뀌며 이탈리아 경제가 치명적 타격을 입을 수밖에 없었던 까닭

15세기 말, 좀 더 구체적으로 1498년에 포르투갈은 인도 항로를 개통하는 데 성공했다. 기존 연구에서는 인도 항로 개통 전까지 홍해에서 알렉산드리아를 거쳐 이탈리아까지 이어진 향신료 교역로(지중해 경로)가 이미 쇠퇴해버렸고 대신 희망봉 경로로 이동했다고 추정했다. 그러나 실제로 희망봉 경로는 여전히 위험했다. 향신료 운송량에 있어 희망봉 경로가 지중해 경로를 웃도는 시기는 바스쿠 다가마 시대에서 100년 이상 지난 17세기에 들어선 뒤였다고 볼 수 있다.

향신료 운송로가 바뀌며 이탈리아 경제는 치명적 타격을 입었다. 단순히 향신료 무역에서 얻는 이익이 감소한 것을 넘어 인도와 동남아시아로 이어지는 다문화 교역권에서 이탈리아가 고립되었기 때문이다.

원래 동남아시아에서 유럽에 이르는 '향신료 길'에서 이탈리아가 차지하는 비중은 그리 높지 않아, 지중해에 접한 알렉산드리아에서 이탈리아에 이르는 좁은 영역만 이탈리아가 담당했다. 반면 포르투갈은 향신료 산지인 말루쿠제도에서 직접 유럽까지 운송할 수 있는 능력을 갖추고 있었다.

앞에서 설명한 '운송 인프라를 장악하는 자가 교역에서 우위를

〔지도 10〕 **향신료 운송로**

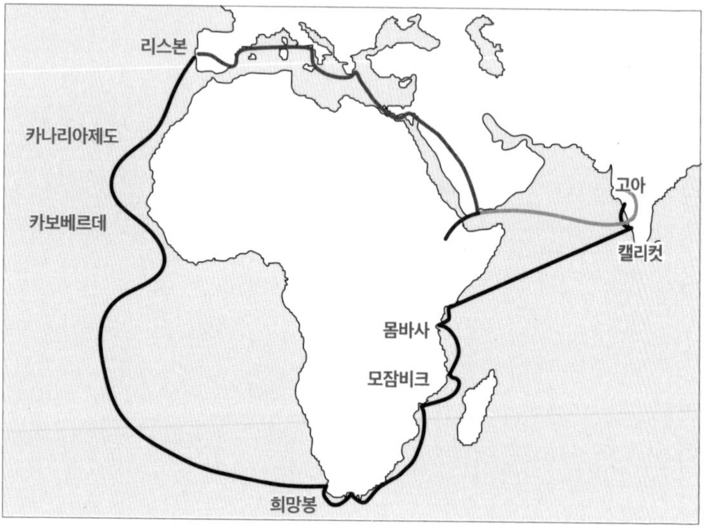

차지한다'는 법칙에 따르면 당시 '향신료의 길'에서 우위를 차지한 나라는 중동지방을 장악한 오스만제국이었고, 이탈리아는 어디까지나 유럽이라는 한정된 공간에서만 영향력을 발휘하는 수준에 머물러 있었다.

다시 말해 동남아시아에서 유럽으로 이어지는 운송 수단을 장악한 포르투갈은 아시아에서도 유례없는 강점을 발휘할 수 있었다.

19세기 이후 유럽이 세계 지배를 확립해가는 과정에서 나타난 몇 가지 요인 중에서 특히 눈여겨보아야 할 부분이 '해운업의 발전'이다. 나중에 다시 살펴보겠지만 유럽 해운의 발달이 교역에서 우위를 차지할 수 있게 하는 원동력으로 작용했고 경제 성장을 가져왔으며 정보와 금융 지배의 주춧돌이 되었다. 장기적 관점에서 보면 신항로 개척시대가 그 계기를 마련한 것이다. 세계사에서 신항로 개척시대가 어떤 의미를 지니는지를 묻는다면 '해운업의 발전'이라는 말로 그 시대를 정의할 수 있다.

VITAL POINT OF HISTORY

4

16세기 전국시대에 일본이 유럽의 군사혁명을 불가능에 가까운 속도로 따라잡을 수 있었던 비결은 '예수회'의 무기 판매 덕분이었다는데, 과연 사실일까?

신항로 개척시대 초기에 포르투갈과 예수회는 무슬림의 결정적 도움으로 탄탄한 상업 네트워크를 구축할 수 있었다는데?

신항로 개척시대는 유럽에서 머나먼 바다 건너에 있는 일본 역사에도 큰 영향을 주었다. 이 시대 주요 사건과 일본사 연표를 함께 살펴보면 많은 참고가 될 것이다.

아시아 지역으로 진출한 포르투갈, 스페인 등의 움직임은 전국시대 다이묘의 세력 다툼과 밀접하게 연관되어 있었다. 이는 16세기에 들어서면서 일어난 일로, 특히 화승총(머스킷)을 비롯한 화기가 도입되어 전국시대 일본에 '군사혁명'을 일으켰다.

1575년 오다 노부나가(織田信長) 군대가 다케다 가쓰요리(武田勝賴) 군에 치명적 타격을 입힌 나가시노전투는 유럽 국가가 일본에 미친 영향을 명확히 보여주는 사건이다. 이 전투에서 모두 3,000정의 화승총이 사용되었다고 전해졌으나 현재는 1,000정으로 수치가 하향 수정되었다. 1,000정이라는 숫자도 대단한 것이다. 단 한 번의 전투에서 이 정도로 대량의 총기가 사용된 사례는 그때까지 유럽사에서도 그 유례를 찾아볼 수 없을 정도였다.

유럽의 근대적 '군사혁명'은 15세기에서 16세기에 이르는 시기에 일어났다. 실전에서 소총과 대포 등의 화기가 대량으로 사용된 최초의 전투는 신성로마제국과 스페인을 지배하는 합스부르크 가문이 이탈리아를 두고 프랑스 발루아 가문과 건곤일척의 전쟁을 벌인 이탈리아전쟁(1494~1559)이었다.

일본에 총포 전래 시기와 경로를 두고 여러 설이 존재하지만 아무튼 전국시대 일본인이 처음 총포가 전래된 이후 불과 몇십 년 만에 대량의 소총을 생산하기 시작한 일은 틀림없는 역사적 사실이다. 그런 의미에서 일본은 '군사혁명'에 가장 성공한 나라였다고 볼 수 있다. 그리고 그 성과를 가장 효과적으로 활용한 사람이 오다 노부가나였던 셈이다.

그렇다면 일본은 어떻게 그토록 놀라운 속도로 유럽 군사혁명 성과를 따라잡을 수 있었을까? 그 비밀을 풀 열쇠는 '예수회'에 있다.

1534년 스페인 성직자 이그나티우스 로욜라(Ignatius Loyola)가 창설한 예수회는 가톨릭 복음을 전파하기 위한 선교 단체였으며, 일본을 찾아온 선교사 프란시스코 사비에르(Francisco Xavier)는 예수회 창립 멤버 중 하나였다. 예수회는 종교 단체의 얼굴과 함께 또 하나의 얼굴을 가지고 있었다. 그게 뭘까? 그것은 바로 무역 상인의 얼굴로, 그들이 일본에 판매한 주요 상품 중 하나가 무기였다.

16세기에 유럽을 떠난 포르투갈, 그리고 예수회는 아시아에서 어떻게 그토록 빠른 시일 내에 영향력을 크게 확대할 수 있었을까? 여기에는 그들이 아시아에 도착하기 전 오랜 세월에 걸쳐 탄탄히 구축한 상업 네트워크가 자리하고 있었다. 포르투갈은 그 해상 네트워크를 최대한 활용하여 아시아에 대한 영향력을 크게 확대했다. 포르투갈과 예수회가 아시아로 활동 범위를 넓히며 영향력을 행사한 측면에서 한 가지 더 염두에 두어야 할 요소는 바로 무슬림이다. 왜냐하면 그들은 아시아 교역 네트워크 구축에 큰 역할을 담당한 또 다른 주요한 세력이었기 때문이다.

전국시대 · 신항로 개척시대 연표

1467	오닌(應仁)의 난(~1477)
1480	포르투갈이 통북투에 도달
1488	바르톨로메우 디아스(포르투갈)가 희망봉에 도달
1492	크리스토퍼 콜럼버스(스페인)가 서인도제도에 상륙
1494	토르데시야스 조약 체결

1494	이탈리아전쟁(~1559)
1498	바스쿠 다가마(포르투갈)가 인도 항로 개척
1507	신대륙을 '아메리카'라 명명
1511	포르투갈이 말라카(오늘날의 믈라카) 점령
1513	바스코 누녜스 데 발보아(스페인)가 파나마해협 횡단
1516	호조 소운(北条早雲)이 사가미노쿠니(相模国) 평정
1517	마르틴 루터(Martin Luther) '95개조 반박문'
1519	에르난 코르테스(Hernán Cortés, 스페인)가 아즈텍왕국 정복 페르디난드 마젤란(스페인)이 세계 일주 출발
1533	프란시스코 피사로(Francisco Pizarro, 스페인)가 잉카제국 정복
1534	예수회 설립
1541	다케다 신겐(武田信玄)이 가이노쿠니(甲斐国)의 지방관인 슈고 자리에 오르다
1543	다네가시마섬에 철포 전래
1545	트리엔트 공의회(Council of Trent, ~1563) 페루 포토시 은광 발견
1549	프란시스코 사비에르가 다네가시마섬에 도착
1550	포르투갈이 나가사키 히라도에 상관 설치
1553	제1차 가와나카지마전투
1571	마닐라시 건설(스페인)
1575	나가시노전투
1576	오토모 소린이 대포 '구니구즈시' 구입
1577	프랜시스 드레이크(Francis Drake, 영국)의 세계 일주(~1580)
1580	오무라 스미타다가 나가사키를 예수회에 바침
1582	혼노지(本能寺)의 변
1596	산펠리페호 사건, 도요토미 히데요시가 금교령을 내림

무슬림 상인이 제패한 아시아의 바다

7세기 무렵 무함마드가 창시한 신흥 종교 이슬람교가 아라비아반도를 기점으로 세계 각지로 퍼져나갔다. 중동과 인접한 인도에서도 이미 8세기 이후 아바스왕조(750~1258), 델리를 수도로 삼은 델리 술탄왕조(Delhi Sultanate, 1206~1526), 무굴제국(Mughal Empire, 1526~1858)이라는 이슬람 왕조가 이어졌다.

이런 상황이다 보니 인도양 교역에서는 일찍부터 무슬림 상인이 활약했다. 인도 지역에서는 열대·아열대 여러 지역에서 산출되는 다양한 상품(향신료, 약재, 금, 납, 주석, 보석, 목재, 쌀, 콩류, 열대 과일, 동물 가죽, 상아, 가축, 섬유 원료)이 대량으로 수출되었다. 그리고 서아시아와 지중해 연안의 여러 도시에서는 의복류, 깔개, 금속제품, 도기, 유리 용기, 장신구, 금은화폐, 무기류를 수출했다. 또 다른 지역에서 중계무역으로 들어온 상품이 유입되었다. 이 수많은 상품을 운송한 주체는 무슬림 상인이었다.

물론 무슬림 상인이 인도양 교역을 독점한 것은 아니었다. 인도양 세계는 시리아 정교, 유대교, 조로아스터교, 힌두교 등 신앙이 서로 다른 사람들이 사는 지역이었다. 그리고 인도 북서부 구자라트 상인은 고대부터 해상무역으로 많은 부를 축적했다. 인도양은 말 그대로 다양한 문화가 만나 이루어지는 통합적인 교역 무대였다.

스페인 출신 예수회 선교사 프란시스코 사비에르(Francisco Xavier, 1506~1552)

선교사 프란시스코 사비에르는
예수회 창립 멤버 중 하나였다.
예수회는 종교 단체의 얼굴과 함께
또 하나의 얼굴을 가지고 있었다.
그게 뭘까? 그것은 바로
무역 상인의 얼굴로,
그들이 일본에 판매한
주요 상품 중 하나가 무기였다.

이슬람화의 물결은 동남아시아까지 휩쓸었다. 중국과 동남아시아 전문 역사가 제프리 웨이드(Geoffrey Wade)는 8~11세기 급속한 이슬람화의 여파로 베트남 참파, 남중국해, 동남아시아에서도 이슬람 공동체가 성립했다고 언급했다.

이슬람 세력은 거기서 멈추지 않고 중국으로 달려갔다. 아랍에서 보낸 사자가 동남아시아를 지나 중국을 방문했는데, 11세기 후반의 일이다. 이 시기 중국의 해상 무역 거점은 광저우에서 취안저우로 옮겨갔으며 곧이어 취안저우에 모스크가 건설되었다. 이후 동남아시아에 해상 무역 열풍이 거세게 불자 12~13세기 당시 취안저우의 무슬림도 적극적으로 이 열풍에 동참했다. 14세기에는 이븐 바투타가 취안저우에 와서 대형 범선인 정크선 등이 늘어선 '세계 최대 항구'를 둘러본 후 기록으로 남기기도 했다.

이런 식으로 인도양과 동남아시아 지역에서는 무슬림 상인의 활약에 힘입어 상업 네트워크가 구축되어갔다. 8~14세기에 걸쳐 서서히 진행된 일이다. 유럽의 신항로 개척이 본격화되었을 때 일본은 전국시대에 돌입했으며 동시대에 동남아시아는 '교역의 시대'를 맞이했다. 이는 15세기 후반에서 17세기까지의 상황이다.

동남아시아의 1450~1680년을 '교역의 시대'로 명명한 사람은 동남아시아 해양사의 최고 권위자 앤서니 리드(Anthony Reid)다. 그에 따르면, 이 시기 동남아시아에서는 이슬람화가 한층 더 급속히 진행되었다. 1400~1462년 믈라카, 수마트라, 말루쿠제도의 티

도레섬 등이 이슬람의 깃발 아래 편입되었으며 브루나이, 마닐라, 참파 등으로도 이슬람 세력이 영역을 확장해갔다.

그 무렵 동남아시아 입장에서 가장 매력적인 시장은 중국이었다. 중국은 14세기 후반부터 두 세기에 걸쳐 인구가 급격히 증가하면서 소비 또한 크게 확대되었다.

당시 중국 왕조는 명(明, 1368~1644)이었다. 명나라 영락제(永樂帝, 재위 1402~1424) 때는 환관 정화(鄭和)에게 인도 캘리컷(코지코드)을 거쳐 페르시아만까지 이르는 장대한 원정을 감행하게 하는 등 대외 정책에 온 힘을 기울이며 조공무역을 적극적으로 펼쳤다. 참고로 정화는 이슬람교를 신봉했다.

그러나 명의 대외 확장 정책은 영락제 이후 큰 변화를 맞이했다. 황제가 바뀌면서 명은 본래의 해금(海禁)정책을 강화하는 방향으로 노선을 전환했기 때문이다. 그렇기는 해도 민간 부문에서는 여전히 중국에서 동남아시아로 이주한 화교들이 적극적인 교역을 이어갔기에 아시아 해상 교역에서 중국의 존재감은 한동안 줄어들지 않았다.

이런 상황에서 15세기 말엽 오늘날의 말레이시아에 해당하는 믈라카는 동남아시아를 아우르는 무역의 주요 거점으로 자리매김했다. 말레이반도와 수마트라섬 사이에 끼인 믈라카해협은 해상 교통의 요충지다. 당시 믈라카는 인도양에서 사용되던 다우선과 동남아시아에서 사용되던 정크선의 집결지였다. 이 해협을 장악한다는 것은 말하자면 동남아시아와 인도양 교역을 지배한다는 의미였다.

그러므로 믈라카가 아랍, 페르시아, 인도네시아 등의 상인이 모여 쌀, 설탕, 생선, 섬유를 후추, 장뇌, 향신료, 백단목, 중국 자기, 비단, 귀금속과 교환하는 아시아 역내 교역의 중심지가 되는 것은 자연스러운 일이었다.

〈지도 11〉은 17세기 아시아와 인도양 무역 경로를 보여준다. 이

〔지도 11〕 **17세기 아시아, 인도양 무역로**

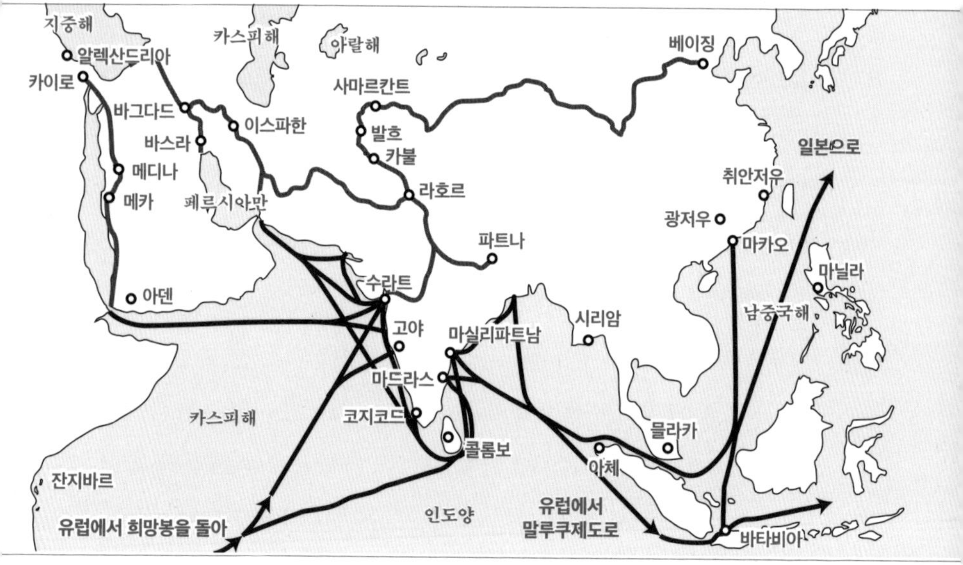

출처: Ashin Das Gupta, *The World of Indian Ocean Merchant 1500-1800*, New Delhi, 2001, pp. 66-67.

시점에 이미 동남아시아와 인도양을 아우르는 하나의 무역 세계가 완성되었음을 알 수 있다.

당대 이 지역 사람들의 입장에서 보면 유럽 상인은 무슬림 상인을 중심으로 움직이는 인도양·동남아시아 교역권에 굴러들어온 돌 같은 존재였다. 1498년 바스쿠 다가마가 인도 코지코드 땅을 밟은 이후 포르투갈인의 뒤를 이어 네덜란드인, 영국인, 프랑스인, 덴마크인, 스웨덴인이 배를 타고 이곳으로 건너왔다. 그중에서도 아시아 역내 교역에 가장 활발히 참여한 세력은 바로 포르투갈인이었다.

당시 포르투갈인이 아시아 교역에서 맡았던 가장 큰 역할이 바로 인도양·동남아시아 교역권에 동아시아를 편입한 것이다.

인도양·동남아시아에서 크게 활약한 이슬람 상인은 중국 이북까지 진출하지는 않았다. 명의 민간 선박도 동남아시아와 동아시아에서 활약하기는 했으나 인도양 활동은 저조한 편이었다. 오히려 그 무렵 동남아시아와 동북아시아의 중요한 집결지로 자리매김한 지역은 류큐, 즉 오늘날의 오키나와였다. 류큐는 중국으로 가는 조공무역 관련 사업에 적극적으로 참여했을 뿐 아니라 동남아시아의 주요 무역항으로도 정크선을 보냈다. 류큐에서 태국 아유타야왕조에 적어도 열일곱 번, 수마트라섬 팔렘방에 여덟 번, 자바섬에 여덟 번이나 사자를 파견했다는 기록이 남아 있다. 1430~1442년의 일이다.

이처럼 인도양에서 동남아시아에 이르는 범위를 자신의 활동 영역으로 삼은 상인은 좀처럼 나타나지 않다가 16세기 중반에 이르러 포르투갈 상인이 최초로 아시아 바다를 통일했다. 그리고 포르투갈의 아시아 바다 제패에 결정적 역할을 한 이들이 바로 예수회 소속 신부들이었다.

예수회가 '죽음의 상인'이라는 악명 높은 이름으로 불린 까닭

예수회는 1540년 로마 교황의 공인을 얻은 이후 인도와 신대륙 선교 활동에 온 힘을 쏟았으며 급격히 세력을 확대해갔다. 그들은 특히 '포르투갈령 동인도', 즉 중근동부터 일본에 이르는 광대한 아시아 지역 선교에 주력했다.

데이쿄대학 경영학과 다카하시 히로후미(高橋裕史) 교수는 예수회가 경제와 군사 양면에서 포르투갈 국왕의 지원을 받았을 것으로 추정한다. 국가 지원을 받는 대가로 예수회는 아시아에서 포르투갈의 이권을 옹호하고 무역을 활성화하기 위한 활동을 펼쳤다.

포르투갈 상인에게 믈라카와 중국, 일본을 연결하는 무역로는 그야말로 알짜 수입원이었다. 이는 사카이 지방(오사카)에 금과 은이 풍부하므로 포르투갈 상관(商館)을 설치해야 한다는 내용이 프란시스코 사비에르가 가고시마에서 쓴 편지에 담겨 있는 점을 통해 명확히 알 수 있다. 포르투갈과 일본의 무역에서 예수회는 가격 교섭 등 여러 방면에 적극적으로 관여했다. 당시 포르투갈을 거쳐 들여오는 매력적인 상품은 일본 선교의 강력한 지원군 역할을 했다.

일본 전국시대 장수들은 포르투갈 선박이 싣고 오는 군수품에 눈독을 들였다. 예수회는 대포, 초석, 탄약 등을 조달해준 대가로 영주에게서 선교권을 얻어냈다. 오다 노부나가도 그 여러 장수 중 한 명이었다. 오다 노부나가의 신임을 얻은 포르투갈 출신 예수회 사제 루이스 프로이스(Luís Fróis)의 『일본사(Historia de Iapam)』에는 이러한 내용이 자세히 기술되어 있다.

예수회가 깊이 관여한 무기 가운데 '구니구즈시(国崩し, 국토를 파괴하는 것)'라는 별명이 붙은 포르투갈제 대포가 있다. 규슈 지방의 패자 오토모 소린(大友宗麟)은 이 강력한 무기를 손에 넣고 경쟁자들을 크게 위협할 수 있었다. '구니구즈시'는 예수회 소속 마카오 교구 사제의 중개로 일본에 들어왔으니, 예수회는 일본에 유럽제 무기를 조달하는 '죽음의 상인'이었던 것이다.

예수회의 활동으로 선교, 무역, 군사가 마치 하나의 톱니바퀴처럼 절묘하게 맞물려 돌아갔다. 군수품 조달로 예수회와 거래한 전국시대 장수 중에는 스스로 세례를 받고 신자가 되는 사람이 적지 않았다. 오토모 소린도 세례를 받고 규슈 지방에 기독교 왕국을 세우려 했다. 또 오무라 스미타다(大村純忠)처럼 자신의 영지 나가사키를 예수회에 바치려는 영주도 나타났다.

1580년, 동인도 시찰사인 알레산드로 발리냐노(Alessandro Valignano, 아시아 예수회의 중심인물)는 나가사키의 군사 요새화를 명령했다. 그에 따라 예수회 일본 교구의 부교구장이던 가스파르 코엘류(Gaspar Coelho)가 성벽에 대포를 배치했다. 당시 이를 지켜본 도요토미 히데요시(豊臣秀吉)가 '예수회가 일본을 정복하려 한다'고 생각한 것도 무리는 아니다.

당시 포르투갈은 일본에서 구리를 사들여 마카오와 고아에 건설한 대포 공장으로 보냈다. 그런 다음 일본산 구리로 대포를 주조해 아시아의 포르투갈령에 신속히 배치했다. 그 무렵 일본은 포르투갈의 아시아 무역 및 군사체제에 편입돼 있었던 것이다.

오다 노부나가가 혼노지의 변으로 목숨을 잃지 않았다면 예수회와 관계를 단절했을까?

오다 노부나가는 알레산드로 발리냐노와 회견한 뒤 아즈치성(安土城)으로 초대해 성과 주변 풍광을 정밀하게 그린 병풍을 하사하는 등 극진히 대접했다고 한다. 이는 루이스 프로이스의 『일본사』에 기록된 내용이다. 또 예수회가 아즈치에 세미나리오라는 신

학교를 설립해 일본 소년을 서양식으로 교육해도 좋다고 허가했다. 그런 터라 오다 노부나가가 예수회와 기독교에 관대했다는 견해가 있는데, 실상도 그랬을까?

오다 노부나가는 어디까지나 예수회가 들여온 서구의 최신 과학기술, 특히 무기를 높이 평가했을 뿐 기독교 자체에 관대했던 것은 아니라고 보는 게 타당해 보인다.

오다 노부나가 시절 일본은 이미 유럽형 화기를 국산화하는 데 성공했다. 사카이 지방 군사 공장에서는 당시 기준에서 세계적으로 우수한 수준의 무기를 생산했다. 화약의 원료인 초석을 제외하면 철포 생산에 필요한 물자는 얼마든지 자국에서 생산할 수 있었다(초석은 에도시대에 자급자족할 수 있게 되었다). 말하자면 오다 노부나가에게 무기 상인으로서 예수회가 차지하는 위상과 중요성은 시나브로 낮아졌다고 볼 수 있다.

또한 예수회는 오다 노부나가 이외의 세력에 무기를 공급하는 한편 예수회 자체적으로도 무장을 갖추고 있었다. 이러한 사실을 고려했을 때 만일 오다 노부나가가 혼노지의 변으로 목숨을 잃지 않았더라면 언젠가 예수회와 심각하게 대립할 수도 있었을 것으로 추정된다.

VITAL POINT OF HISTORY

5

근대 유럽의 경제 성장이 '근면'과 '금욕'을 중시하는 프로테스탄트에 의해서만 이루어졌다는 주장이 허구인 이유는?

구텐베르크 활판 인쇄술이 없었다면 마르틴 루터의 종교개혁도 없었다?

목판 인쇄술은 6세기 말에서 7세기 초 중국에서 고안되었다고 추정되며 현존하는 세계에서 가장 오래된 목판 인쇄물은 8세기 중엽 경주 불국사 석가탑을 세울 때 봉안된 『무구정광대다라니경(無垢淨光大陀羅尼經)』으로 알려져 있다.

활자 인쇄 역시 중국에서 가장 먼저 나왔는데, 송나라 휘종(徽宗, 재위 1100~1125) 숭녕(崇寧, 1102~1106) 연간에 제작된 『관무량수경(觀無量壽經)』의 활자는 도자기 재질로 만들어졌을 것으로 추정된다. 현존하는 세계 최초 금속활자 인쇄본은 1377년 고려에서 인쇄된 『직지심체요절(直指心體要節)』이다.

유럽에서 활자 인쇄가 시작된 시기는 아시아에 비해 훨씬 늦은 15세기다. 요하네스 구텐베르크(Johannes Gutenberg)가 개발한 활판 인쇄술은 세계를 완전히 뒤바꾸는 계기를 마련했다. 역사가들은 활판 인쇄술의 발전이 가져온 세계 변화의 의미와 중요성에 주목해 '구텐베르크 혁명(Gutenberg Revolution)' 또는 '인쇄 혁명(Printing Revolution)'이라는 용어를 만들어냈다.

그때까지 유럽의 서적은 필사로 제작한 사본이 주를 이루었다. 중국에서 전해진 목판 인쇄술은 14~15세기에 보급되었다. 더욱이 문자를 읽고 쓸 수 있는 사람은 성직자들뿐이었기에 대다수 필사본은 수도원에서 제작되고 한정된 사람들 사이에서만 유통되었다.

요하네스 구텐베르크의 생애는 자세히 알려지지 않았다. 단지 그가 라인 도시동맹 중 하나인 마인츠에서 태어났으며, 그의 아버지와 큰아버지가 대주교의 조폐국 관리였다는 정도만 밝혀졌다. 연구자들은 구텐베르크가 조폐국에서 녹인 금과 은을 거푸집에 넣고 찍어 연마하는 과정을 관찰하면서 활판 인쇄 발명의 기초를 다졌을 것으로 추정한다.

금속 가공을 생업으로 살아가던 구텐베르크가 라인강 상류에 자리한 스트라스부르로 이주했다. 이는 1428년의 일이다. 활판 인쇄술을 완성한 것은 1445년 무렵으로 추정되는데, 훗날 '구텐베르크 성경(Gutenberg Bible)'으로 불리는 세계 최초 인쇄 성경이 이때 출간되었다.

이후 활판 인쇄술로 출간되는 서적의 양이 획기적으로 증가했

요하네스 구텐베르크가 개발한
활판 인쇄술은 세계를 완전히
뒤바꾸는 계기를 마련했다

요하네스 구텐베르크(Johannes Gutenberg, c. 1400~1468)

으며 출판 활성화는 지식과 정보 혁명으로 이어졌다. 일부 성직자 사이에서 독점되던 읽고 쓰는 능력이 널리 퍼져나감으로써 성직자의 권위가 떨어지기 시작했다. 또 다양한 서적, 신문, 잡지 등 미디어가 발달해 유럽 시민사회의 탄생과 성장을 이끌었다.

우리는 여기서 구텐베르크의 활판 인쇄술이 종교개혁에 미친 영향을 살펴보지 않을 수 없다. 만일 그가 활판 인쇄술을 개발하지 않았더라면 마르틴 루터는 독일어 성경을 완성할 엄두도 내지 못했을 것이기 때문이다. 그러므로 '성경의 가르침으로 돌아가자'라고 부르짖던 프로테스탄트에게 라틴어가 아닌 모국어로 읽을 수 있는 성경 간행은 무척 중요한 일이었다.

이처럼 '구텐베르크 혁명'이 정치, 종교, 미디어에 미친 영향은 줄곧 강조되어 왔는데, 이번 장에서는 조금 다른 시각에서 이 혁명을 바라보려고 한다. 바로 활판 인쇄술이 경제에 미친 영향을 들여다보는 것이다.

근대 유럽의 경제 성장이 '근면'과 '금욕'을 중시한 프로테스탄트에 의해서만 이루어졌다는 시각이 잘못된 프레임인 이유

막스 베버(Max Weber)의 『프로테스탄티즘 윤리와 자본주의 정신

(Die protestantische Ethik und der Geist des Kapitalismus)』(1905)이 너무나 유명해 근대 유럽의 경제 성장은 오로지 프로테스탄트, 특히 스위스에서 활발하게 활동한 종교개혁가 장 칼뱅(Jean Calvin)의 가르침에서 비롯되었다는 이미지가 강하다. 상대적으로 유럽의 대표적 가톨릭 국가인 포르투갈, 스페인, 이탈리아 경제가 부진한 것이 이런 인식을 강조하는 측면도 있었다. 그런데 최근 유럽 주류 역사학계는 프로테스탄트 국가뿐 아니라 가톨릭 국가도 괄목할 만한 경제 성장을 이루었다고 본다.

우리가 잘 알고 있듯이 막스 베버는 '자본주의 정신'으로 근면과 금욕을 꼽았다. 그러나 경제사의 관점에서 보면 근대 유럽의 경제 성장은 신항로 개척으로 유럽 국가들이 신세계와 아시아 시장에 진출하는 과정에서 비약적으로 발전한 장거리 무역 덕분이었다고 보는 것이 좀 더 정확하다. 이 시기에는 가톨릭 상인이든 프로테스탄트 상인이든 모두 함께 국제 무역 활성화에 이바지했다.

물론 유럽의 종교전쟁은 오래도록 계속되었고 스페인 등지에서는 유대인 상인을 배척하는 움직임이 일어나기도 했다. 그러나 교리나 정치적 측면에서 불거진 종교 대립과 상업 활동은 엄연히 별개로 보아야 마땅하다. 예를 들어 암스테르담 상인을 파고든 최근 연구에 따르면, 종교 대립이 극심하던 때에도 가톨릭과 프로테스탄트가 공동으로 유럽 내 상업 활동을 전개했다는 사실이 밝혀졌다. 특히 흥미로운 것은 유럽을 벗어난 대서양 무역에서는 종교를 초월해 함께 사업을 진행한 건수가 더욱 증가했다는 점이다.

경제적 시각으로 전체를 조망하자면 근대 유럽 세계는 가톨릭 상인, 프로테스탄트 상인, 유대인 상인이 어우러져 다문화, 다종교 교역이 활발히 이루어지는 가운데 교역량과 교역권이 어마어마하게 확대되어 갔다.

그렇다면 지역과 종교와 문화 배경이 서로 다른 상인들이 어떻게 공동으로 사업을 운영할 수 있었을까? 알고 보면 근대 유럽의 상업 활동의 중심에 '구텐베르크 혁명'이 있었다. 활판 인쇄술이야말로 다문화 상인집단의 발전을 촉진한 주요 요인 중 하나였다.

15세기 근대 유럽에서 상업은 어떻게 그토록 크게 발전할 수 있었을까?

상인에게 가장 중요한 것은 뭘까? 바로 정보다. 정보는 상인에게 생명과도 같은 것이다. 상인은 자신이 가진 상품 정보가 남들 것보다 뛰어나다는 판단이 들어야 비로소 시장에 뛰어들 수 있다. 물론 그 판단이 언제나 옳다는 보장은 없다. 파산하는 상인이 나오는 것은 그래서다. 그럼에도 상인은 자신이 가진 정보가 정확하다는 확신이 서 있어야 한다.

한편 다른 사람은 갖지 못한 정보를 가지고 있다면 그는 경쟁이

치열한 시장에서 훨씬 유리한 위치를 확보할 수 있다. 그러나 시장 참가자들이 손에 넣을 수 있는 정보의 양과 질이 극명하게 차이가 난다면 정보를 가진 극히 일부를 제외한 나머지 상인은 그 시장에서 철수할 수밖에 없다. 새로운 시장에 뛰어들어 자유로운 경쟁을 펼치는 것이 제한된 상황에서 그 시장은 오래도록 성장을 이어갈 수 없다. 다시 말해, 시장이 발전하려면 많은 상인이 비교적 쉽게 진입할 수 있도록 상업 정보가 널리 공유되어야 한다.

근대 유럽에서 상업이 크게 발전할 수 있었던 것은 누구나 쉽게 시장에 참여할 수 있는 사회 분위기가 형성되었기 때문이다. 합리적인 가격에 상업 정보를 입수할 수 있었기에 시장 진입 문턱이 낮아졌으며, 구텐베르크가 발명한 활판 인쇄술이 이러한 정보의 대중화를 실현시켜 주었다.

상업 발전이 언어 발달로 이어질 수밖에 없었던 이유

다시 구텐베르크 이전 시대로 돌아가 상인의 활동과 상업 정보 이용을 들여다보자.

12세기에 북해와 발트해 무역을 주도한 한자동맹 상인은 직접 상품 보따리를 이고 지고 거래 상대의 거주지를 찾아다녔다. 이들은 길드(동업자 조합)를 형성하고 무장 능력을 갖추어 물건을 팔러 이곳저곳 시장을 다닐 때 상부상조했다.

그러던 한자동맹 상인들이 도시에 정착했다. 이는 13~14세기에 들어서며 생겨난 상황으로, 상품 거래량이 증가한 데 따른 변화였다. 여기에 비정기적 상거래가 정기적 상거래로 바뀌게 된 것도 큰 영향을 미쳤다. 곡물, 해산물, 각종 섬유, 목재 등 거래 상품의 종류와 양이 가파르게 증가하자 상인이 직접 돌아다니며 모든 상품을 살펴보는 게 불가능해졌다. 또 거래가 일상화하면서 상인이 모든 거래에 입회할 필요도 없어졌다. 도시에 정착한 상인은 상대와 편지를 주고받으며 거래를 이어나갈 수 있었다.

문서로 통신하기 위해서는 문자를 읽고 쓸 수 있는 능력이 필요했으나 12세기 한자동맹 상인은 글을 쓸 줄 몰랐다. 성직자가 상인의 문서 대필 업무를 맡기 시작한 것도 그런 상황에서 도입된 고육지책이었다. 상인이 글을 쓸 수 있게 된 정확한 시기는 알 수 없다. 그러나 14세기에 한자동맹 상인들은 라틴어와 더불어 저지독일어(低地獨逸語, 북해와 발트해 연안에서 사용되는 독일어)로 문서를 작성했다. 그 연장선에서 저지독일어는 상거래에 사용되는 주요 언어로 자리 잡았다. 이는 15세기 무렵의 상황이다.

공용어이던 라틴어 대신 속어인 현지 언어를 사용하고 성직자뿐 아니라 상인도 글을 읽고 쓸 수 있게 된 중요한 변화를 이탈리아에서도 찾아볼 수 있다. 1427년 피렌체에서 작성된 문서를 보면 당시 피렌체 시민은 재산세 부가를 위한 신고서를 의무적으로 제출했음을 알 수 있다. 이는 곧 피렌체에서는 글을 읽고 쓸 줄 모르면 살아가기 힘들었다는 것을 의미한다. 더구나 이 신고서는 속어인 이탈리아어로도 작성되었다.

근대 이전에 언어는 대체로 '음성'을 가르쳤으므로 같은 언어라도 철자가 늘 일정하지 않았다. 이는 그 시대 원본 사료에서 바로 확인할 수 있는 문제로, 후대 연구자를 곤란하게 만들곤 했다. 그러나 상업 거래 규칙이 통일되고 상인 간 계약이 사적인 약속에서 공적인 약속으로 변화하자(예를 들어 관공서에 제출하거나 재판에서 증거로 사용) 상업 서신과 계약서 등의 서식이 통일되었다. 이 과정에서 정확한 철자가 확립되었으니 오늘날 우리가 읽고 쓰는 각 나라의 국어(속어) 형성에 상업 발전이 중요한 역할을 했다고 볼 수 있다. 말하자면 1517년 마르틴 루터의 종교개혁에 앞서 상업 세계에서는 정보와 지식을 주고받는 일을 더는 성직자가 독점하지 않았으며 상인이 새로운 주역을 맡게 된 것이다. 바로 그 무렵 출현한 것이 구텐베르크가 발명한 활판 인쇄술이었다.

활판 인쇄술 보급으로 등장하여
근대 유럽 비즈니스를 송두리째 바꾼 상업 안내서

활판 인쇄술의 보급으로 '상업 안내서'가 제작되어 널리 확산되었다. 유럽 상업 발전을 촉진한 주요 요인으로 손꼽히는 상업 안내서는 상업 전반을 아우르는 백과사전식 매뉴얼 같은 것이었다. 여기에는 상거래 규칙, 교섭 기술, 상인 교육법 등 장사에 필요한 거의 모든 것이 담겨 있었다.

상업 안내서의 원형은 13세기 후반 이탈리아의 토스카나, 베네치아 같은 상업 활동이 활발히 이루어지던 지역에서 주로 찾아볼 수 있다. 앞서 살펴봤듯이, 유럽 상인은 '이동형'에서 '정착형'으로 변화해 각지를 직접 다니며 거래하는 대신 현지 대리인을 내세워 업무를 대행했다. 이렇게 대리인을 거쳐서 거래할 때는 일정한 규칙을 공유할 필요가 있었다.

또 지중해 중심의 상업 기점이 이동하면서 알프스 이북의 안트베르펜, 암스테르담, 런던 등에서도 상업 안내서가 작성되었다. 이는 16세기 무렵의 일이다. 중세에는 수기에 의존했기에 상인 간 거래에서 작성하는 문서는 각서 수준에서 벗어나지 않았다. 그러나 구텐베르크 혁명 이후에는 많은 상인이 활판 인쇄로 제작된 안내서를 이용할 수 있게 되었다.

상업 안내서 가운데 가장 인기 있었던 것은 프랑스의 자크 사바리(Jacques Savary)가 쓴 『완전한 상인(Le parfait négociant)』(1675)이다. 이 책은 1800년에 이르기까지 재판을 거듭했으며 각국 언어로 번역되기도 했다. 예를 들어 영국 경제학자이자 사전 편찬업자인 말라키 포슬스웨이트(Malachy Postlethwayt)가 펴낸 『세계 무역 사전(The Universal

1568년 인쇄소의 모습

Dictionary of Trade and Commerce)』(1757)은 자크 사바리의 저술을 영어로 옮긴 책으로 여겨진다. 애초에 이 시대에는 저작권 개념이 없어서 번역할 때 각 지역 상황에 맞추어 개정하는 것이 일반적이었다. 그렇게 추가, 삭제하며 편집하는 것을 실용적이라고 여겼다.

상업 안내서는 상업의 매뉴얼화로 이어졌다. 같은 매뉴얼로 교육받은 상인은 지역에 상관없이 같은 상업 관행을 따랐다. 또 장부, 통신문, 계약서 등도 일정한 형식을 갖추었다. 다시 말해 동일한 규칙 아래에서 상거래가 이루어지면서 시장 진입 문턱이 낮아져 상업 거래가 활발해졌다. 게다가 손으로 작성하던 계약서 등의 서류가 인쇄물로 대체됨으로써 상인은 준비한 서류에 서명만 하면 거래가 성사되었다. 이렇게 간소화되고 편리한 절차는 당시로서는 현대 금융과 상품 매매에서 IT 혁명이 가져온 충격 이상의 혁신이었다.

한편 거래 지역을 확대하면서 새로운 거래 상대와 접촉해야 할 때 공통된 지인의 이름을 적어 넣은 추천서나 자기소개서를 작성하는 것이 일반적이었다. 그런 자기소개서 작성 방법도 팸플릿 형태로 출간되었다. 상업 서간 작성 규칙을 알면 편지를 처음 써보는 초보 상인이라도 비교적 간단히 동료로 인정받을 수 있었다. 이로써 상인 네트워크가 급격히 확장되어갔다.

나아가 국제 교역이 활발해지면서 언어가 중요한 문제로 떠올랐다. 상인은 다양한 언어를 습득해야 했다. 당시에는 상업 관련 서류 형식이 정해져 있는 경우 몇몇 상업 용어만 습득하면 다른 지역 상인과도 무난히 거래할 수 있었다.

상인을 위한 안내서가 가톨릭, 프로테스탄트, 유대교 등의 종교, 종파와 무관하게 널리 퍼진 덕분에 교역이 종교 장벽을 뛰어넘어 활발하게 진행되었다. 이렇듯 상업의 영역에서는 매뉴얼화의 힘이 종교를 초월했다.

유럽의 상업 시스템과 메커니즘은 어떻게 국제 표준으로 자리 잡았나

이 '매뉴얼 혁명'은 근대 유럽이 세계 경제의 주도권을 장악하는 과정에서 강력한 무기로 작용했다. 즉 유럽 상인은 완성된 매뉴얼을 가지고 유럽 외부 세계에서도 자신들의 상업 관행을 밀어붙이는 것이 가능했다. 그 구체적인 예로 인도 고아의 힌두 상인이 작성한 포르투갈어, 영어, 프랑스어 상업 서간을 들 수 있다. 힌두 상인은 유럽에서 발달한 환어음, 선하증권, 신고서, 위임장 등의 사용을 받아들였다.

당시 인도와 유럽의 경제력을 비교하면 인도가 결코 뒤지지 않았다. 아니, 오히려 앞선 상황이었다고 해도 틀리지 않다. 그럼에도 유럽 상인은 인도가 유럽의 상업 서간 관행을 따르게 했다.

그리고 유럽 영토가 확장됨에 따라 원래 유럽 언어를 사용하지 않던 상인들도 유럽 사람들의 언어를 사용할 수밖에 없었다. 이런 점에서 보면 유럽은 힘(군사력)으로 자신들의 상업 관행을 강요하기도 했을 것이다. 여기서 간과하지 말아야 할 점은 힌두 상인 역시 통일된 유럽 관행을 따르는 것이 여러모로 간편했을 수 있었다는 사실이다. 말하자면 구텐베르크 혁명으로 매뉴얼의 힘이 향상된 것이 전체 유럽 상인의 강점이 된 셈이었다.

유럽인이 만든 상업 공간은 국제 표준이 되어 전 세계로 퍼져나갔다. 전 세계 상업이 유럽화했고, 각 나라의 상인은 유럽 표준에 맞출 수밖에 없는 환경이 조성되었다.

한편 비슷한 시기에 전개된 종교개혁 또한 '시장'과 떼려야 뗄 수 없는 관계가 있다. 여기서 중요한 것은 종교개혁을 위해 작성된 팸플릿 형식이다.

그 시대에 책은 견본을 만들어 진열하며 소개하는 견본시에 맞추어 출간되었다. 독일 프랑크푸르트와 라이프치히 등에서 열린 시장은 서적 유통에 있어 매우 중요한 위치를 차지했다. 종교개혁가들은 팸플릿을 적절하고도 효율적으로 활용했다. 그들은 상황에 따라서는 논쟁 상대가 책을 출간하기 전 교정지를 입수해 미리 살펴본 후 상대의 주장에 반박하는 글을 팸플릿에 추가하기도 했다. 그러면 상대는 이듬해 시장이 열릴 때까지 반론을 제기할 수 없었다. 종교개혁가에게 출판 활동은 중요한 수입원인 동시에 자신의 주장을 선전하는 일종의 마케팅 활동이었다. 프로테스탄트 교리를 받아들인 신자에게 종교개혁가가 발행한 팸플릿은 새로운 교리와 신앙의 매뉴얼이었다.

그런 의미에서 종교개혁은 시장 원리에 따른 활동이었다고 할 수 있다. 자신의 주장을 담은 팸플릿을 만들어 상품화한 후 소비자, 즉 신자를 확보했기 때문이다.

6

포르투갈과 스페인은 과연 '역사의 페이스메이커'였을까?

15~16세기는 물론이고 18~19세기까지 세계 경제에서
중요한 위치를 차지했던 두 나라, 포르투갈과 스페인

신항로 개척시대를 이끈 두 나라를 묻는다면 누구라도 포르투갈과 스페인을 처음 두 손가락에 꼽을 것이다. 공교롭게도 두 나라 모두 오늘날 극심한 재정 문제를 겪으며 유럽의 발목을 잡는 'EU의 애물단지' 취급을 받고 있다. 그 탓에 역사적으로도 이 두 나라는 한때 많은 해외 식민지를 거느린 채 승승장구했으나 급속히 쇠퇴해 네덜란드와 영국, 프랑스 등에게 주도권을 내주고 세계사의 무대 뒤로 쓸쓸히 퇴장했다는 인상이 강하다. 두 나라 모두 신대륙 '발견'과 유럽의 아시아 진출이라는 측면에서 혁혁한 공을 세웠음에도 말이다. 말하자면 오늘날 포르투갈과 스페인은 유럽이 세계의 지배자로 올라서기 전 먼저 무대에 올라 분위기를 잡은

'바람잡이' 역할쯤으로 여겨지는 셈이다. 아니면, 출발은 좋았으나 뒷심이 부족해 도중에 기권하는 마라톤 주자 정도로 여기는 사람도 많다.

그러나 실상은 이와 달랐다. 포르투갈과 스페인은 아시아와 아메리카대륙 진출의 선두주자였을 뿐 아니라 15~16세기에 세계 경제를 하나로 만든 '글로벌리제이션(globalization)'을 추진한 나라였다. 당시 포르투갈과 스페인의 영향력은 상상 이상으로 막강했다. 두 나라는 18~19세기에도 여전히 세계 경제에서 중요한 위치를 차지했다.

포르투갈과 스페인이 세계를 제멋대로 양분한 두 개의 조약, 토르데시야스 조약과 사라고사 조약

잠시 15~16세기 포르투갈과 스페인의 해외 진출 사례를 되짚어보자. 이베리아반도에 사이좋게 자리한 두 나라는 초반에 포르투갈은 동쪽으로, 스페인은 정반대인 서쪽으로 진로를 정했다.

포르투갈은 아프리카 서안을 따라 남하해 아시아 진출에 성공했다. 포르투갈 정부가 파견한 바스쿠 다가마가 길잡이 역할을 하는 이슬람 선박의 뒤를 따라 항해해 인도 캘리컷(코지코드)에 닻을 내린 것은 1498년의 일이다. 이후 포르투갈은 아시아 여러 곳에 식민지를 건설했다. 1510년에 아폰수 드 알부케르크(Afonso de Albuquerque)가 고아를 점령했고, 1511년에는 믈라카, 1515년에는 페르시아만의 호르무즈를 점령했다. 이로써 포르투갈은 동남아시아에서 페르시아만에 이르는 바닷길을 완성했다.

한편 스페인은 1492년 콜럼버스의 신대륙 발견을 계기로 아메리카대륙을 차근차근 정복했다. 그 결과 브라질을 제외한 중남미 대부분의 지역이 스페인 영토가 되었고 오늘날에도 이 지역의 공용어는 스페인어다. 이 지역을 흔히 '라틴아메리카(Latin America)'라고 부르는데 이는 '라틴족의 아메리카'라는 의미다. 라틴아메리카는 '이베로아메리카(Iberoamérica)'라고도 하며 여기서 '이베로'는 포르투갈과 스페인이 자리한 이베리아반도를 말한다.

포르투갈과 스페인이 서로 상대방의 해양 진출을 넋 놓고 지켜보고만 있었던 것은 아니다. 실제로 두 나라는 서아프리카 연안 등지에서 차츰 경쟁 수위를 높여갔다. 포르투갈이 본격적으로 진출을 시도하자 스페인은 여러 척의 선박을 파견해 대놓고 방해하는 등 두 나라 간 충돌이 발생했다. 이러한 갈등을 해결하기 위해 로마 교황이 나서서 알카소바스 조약을 체결하도록 중재했다. 1479년의 일이다. 이 조약으로 스페인이 카나리아 제도를 영유하고 포르투갈이 아프리카 연안과 아덴만의 여러 섬, 마데이라제도, 아소르스제도, 카보베르데제도를 영유함으로써 양국의 갈등은 일단 해결 국면에 접어드는 듯했다.

그러던 중 1492년 스페인의 원조로 먼 거리 항해를 떠난 콜럼버스가 신세계를 '발견'하자 그동안 아슬아슬하게 균형이 유지되던 두 나라 사이에 심상치 않은 조짐이 나타났다. 그 이듬해에 스페인 출신 교황 알렉산드르 6세(Pope Alexander VI, 재위 1492~1503)가 포르투갈령 카보베르데에서 서쪽으로 560킬로미터쯤 떨어진 지점에 '교황 자오선'을 설정하고 이 선을 기준으로 서쪽은 스페인에 우선권을 인정한다는 새로운 안을 내놓았다.

그러자 포르투갈이 이 제안에 격렬히 반대하고 나섰다. 그도 그럴 것이 이 제안이 실행되면 서쪽은 모두 스페인 영토로 귀속될 것이 뻔한 일이었기 때문이다. 1494년 이 경계선을 서쪽으로 1,500킬로미터 옮기는 일에 양국이 동의하는 토르데시야스 조약이 체결된 것은 이런 맥락에서였다.

그러나 마젤란 함대가 세계일주에 성공하자 지구는 둥글어 하나의 선으로 나눌 수 없다는 사실이 대중에게까지 알려졌다. 1522년 이후의 일이다. 그로 인해 엄밀히 따지면 아시아에서 선을 그어야 좀 더 공평했다.

그렇지 않아도 당시 포르투갈과 스페인은 향신료 생산지인 믈라카제도를 누가 차지할지를 놓고 첨예하게 대립하고 있었다. 이후 사라고사 조약으로 말루쿠제도의 동쪽을 통과하는 자오선을 경계로 서쪽은 포르투갈이, 동쪽은 스페인이 영유한다고 결정되었다. 이는 1529년의 일이다. 스페인은 필리핀제도 영유권을 막대

1494년 이 경계선을
서쪽으로 1,500킬로미터 옮기는 일에
양국이 동의하는 토르데시야스 조약이
체결된 것은 이런 맥락에서였다

1494년 포르투갈과 스페인은 스페인의 토르데시야스에서 만나
각자의 세력 확장 범위를 확정하는 조약을 체결했다.

〔지도 12〕 토르데시야스 조약과 사라고사 조약

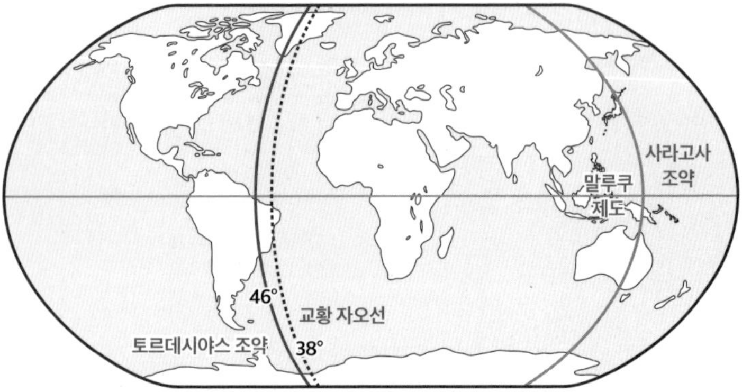

한 재화와 맞바꿈으로써 동남아시아 대부분을 포르투갈에 양도했으므로 말루쿠제도는 포르투갈의 영토가 되었다.

이는 전 세계를 두 가톨릭 세력이 제멋대로 나누어 먹은, 현대인의 관점으로는 믿기 어려울 만큼 황당하고 오만하기 짝이 없는 결정이었다.

아무튼 가톨릭의 기준에서는 가톨릭을 대표하는 스페인과 포르투갈이 세계를 사이좋게 나누어 가진 셈이었다. 로마 교황이 세계를 제멋대로 분할할 수 있었던 논리의 근거는 무엇이었을까? 세계는 신(기독교의 하느님)이 창조했으며 그것을 관리하고 다스릴 권리를 로마 교회가 상속받았다는 믿음과 교리가 바로 그것이었다.

이 논리에 따르면, 중국과 일본도 '포르투갈이 정복한 속령'이라는 공식이 성립한다. 그러나 사실 당시만 해도 유럽은 동시대 중국이나 이슬람제국과 비교하면 아직 가난한 지역이었다. 그런 와중에 발 빠르게 해양 진출에 성공해 신대륙과 아시아에 각각 거점을 구축할 수 있었다. 그 증거가 바로 '세계를 양분'한 두 개의 조약, 토르데시야스 조약과 사라고사 조약이었다.

포르투갈의 실체가 '상인의 제국'인 까닭

17~18세기에 들어서자 전 세계에 식민지를 거느리던 포르투갈과 스페인은 쥐고 있던 영토를 하나둘 내놓게 되었다. 포르투갈은 1511년부터 지배하던 아시아 교역의 중심지 믈라카를 네덜란드에게 빼앗겼다. 1641년의 일이다. 또 인도의 권리는 영국과 프랑스 동인도회사에 내주는 등 애써 손에 넣은 아시아 영토와 이권을 야금야금 빼앗겼다.

이어 포르투갈은 영국과 메수엔 조약을 체결했다. 1703년에 이루어진 이 조약으로 포르투갈은 영국 모직물 수입을 승인하고 영국은 포르투갈산 와인 관세를 프랑스산 와인의 3분의 1 수준으로 낮춘다는 데 합의했다. 메수엔 조약을 두고 농업국 포르투갈이 산업국 영국에 경제적으로 지배받게 된 것으로 학자들은 해석하곤 한다.

실상을 알고 보면 그러한 관점은 포르투갈이라는 나라를 정확하게 파악하지 못하고 내린 섣부른 판단이라는 것을 이해할 것이다. 포르투갈제국의 실체는 '상인의 제국'이었다. 포르투갈 상인 개개인의 활동이 모여 포르투갈이라는 해양 제국의 국력을 이루었다. 포르투갈 상인의 힘은 국제 정세가 다양하게 변화하는 가운데서도 쉽게 약해지지 않고 19세기 초까지 꾸준히 이어졌다.

포르투갈제국의 식민지는 훗날 대영제국에 비하면 그 규모 면에서 상대가 안 될 정도로 작았다. 그러나 포르투갈제국의 영향력이 미친 지역은 실로 어마어마하게 광대했다. 〈지도 13〉을 보자. 포르투갈은 브라질, 동서아프리카, 인도, 동남아시아에 각각 중요한 상업 거점을 확보하고 해양 교역망을 완성했다. 포르투갈의 강점은 바로 광범위한 지역을 아우르는 네트워크였다. 네덜란드가 동남아시아 식민지만 거느렸음을 상기하며 비교해보자. 포르투갈 상인은 전 세계를 활동 영역으로 삼았다.

물리적인 영토의 너비와 산업국 여부를 가지고 한 나라의 국력을 판단하는 것은 산업자본주의 관점, 제국주의 관점의 역사관이다. 이는 다소 편협한 시각으로, 한 나라의 국력을 그 시대 관점에서 국제적으로 평가할 때는 교역에서 얼마나 우월한 지위를 차지했는지, 국민 소비 생활은 얼마나 향상되었는지 등과 같은 다른 기준도 함께 적용해야 한다.

전 세계를 무대로 활약한 포르투갈 상인은 국가에 구속되지 않고 독립적으로 존재했다(반면 대영제국은 국가와 상인이 한 몸처럼 움직이면

〔지도 13〕 **포르투갈제국**

서 세계 패권을 장악했다). 그래서 포르투갈제국이 식민지를 잃어도 포르투갈 상인의 네트워크는 붕괴되지 않았으며 오히려 아시아 지역에서의 무역은 더욱 확대되었다. 그 세력이 어느 정도였는가 하면, 이후 영국 동인도회사가 아시아 시장에서 무역할 때 현지 교섭 등은 포르투갈 상인에게 의존했다. 또한 페르시아만에서 마카오에 이르는 지역에서 활동한 상인의 공용어가 포르투갈어였다. 이러한 사실이 모두 포르투갈이라는 나라의 실체를 방증해준다. 이러한 상황은 19세기 초까지 이어졌다.

글로벌 상업 네트워크를 개척한 나라는 이베리아반도의 두 나라였다〈지도 14〉. 네덜란드, 영국, 프랑스는 그 네트워크를 나중에 활용한 후발주자였을 뿐이다.

〔지도 14〕 1600년 무렵 이베리아 세계의 무역로

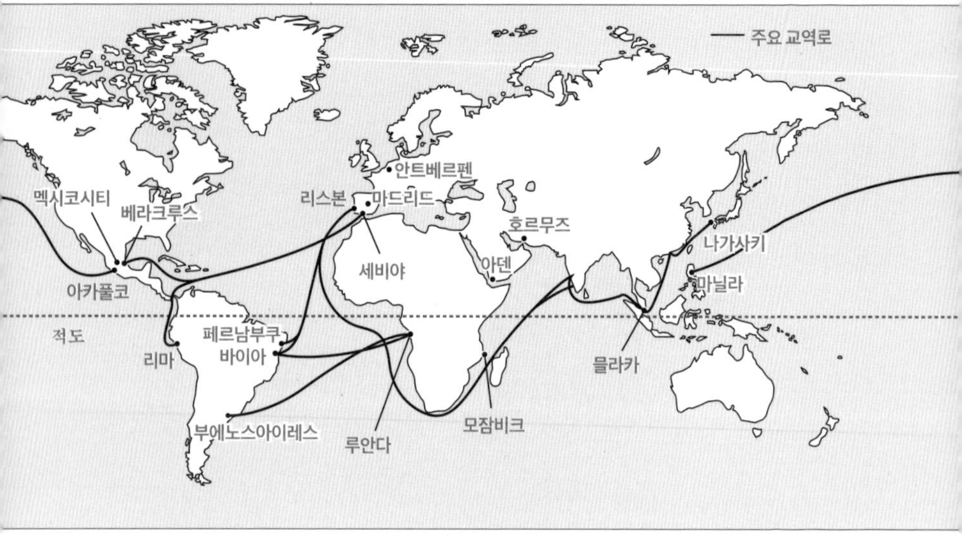

출처: Sanjay Subrahmanyam, *The Portuguese Empire in Asia, 1500-1700*, second edition, Singapore, 2012, p. 327

스페인의 최전성기와 쇠퇴기를 모두 경험한 국왕, 펠리페 2세

중세가 끝나고 스페인의 번영을 이끈 왕으로 펠리페 2세(Felipe II de España, 재위 1556~1598)를 주목해야 한다. 펠리페 2세를 두고 흔히 '스페인의 최전성기와 쇠퇴기를 모두 경험한 국왕'이라고 일컫는다.

1571년 오스만제국을 격파한 레판토해전, 1588년 스페인의 무적함대가 영국 해군에게 무참하게 패배한 칼레해전 등 역사적으로 중요한 전투가 모두 펠리페 2세 시대에 일어났다. 한편 포토시로 대표되는 신대륙의 은광에서 유럽인은 상상조차 할 수 없던 엄청난 양의 은이 쏟아져 나온 것도 펠리페 2세 시대였다. 신세계의 은이 대부분 스페인 본국으로 흘러들어와 당시 세계 경제를 좌지우지했다. 그러나 펠리페 2세가 신대륙에서 가져온 막대한 양의 은을 전쟁 자금으로 모두 사용해 스페인 국내 경제는 발전하지 못한 채 차츰 쇠퇴하게 되었다. 이것이 펠리페 2세에 대한 기존의 평가다.

하지만 이러한 관점은 상황을 지나치게 단순하게 파악한 데 따른 오해다. 당시 펠리페 2세는 실로 복잡한 상황에 처해 있었다.

〈지도 15〉는 펠리페 2세의 아버지 카를 5세(Karl V, Holy Roman Emperor, 재위 1519~1556)의 영토를 보여준다.

합스부르크가의 카를 5세는 신성로마제국 황제이자 스페인 왕 카를로스 1세로, 네덜란드와 이탈리아를 포괄하는 드넓은 영토를 지배했다. 카를 5세는 퇴위하면서 오스트리아를 제외한 모든 영토를 펠리페 2세에게 물려주었다. 이는 1556년의 일이다.

그러므로 펠리페 2세에게 스페인은 방대한 지배 영역 중 일부였으며 그에게 주어진 중요한 과제는 그가 계승한 제국을 번영의 길로 이끄는 것이었다. 바로 이 부분이 핵심인데, 정작 스페인 역사를 다룰 때는 간과되는 경향이 있다.

근대가 시작되고 유럽에 민족국가가 성립하면서 영국사, 독일사, 스페인사 등 각국 역사가 중요한 연구 주제가 되었다. 역사가

펠리페 2세(Felipe II de España, 1527~1598)

〔지도 15〕 **카를 5세의 영토**

는 자국의 역사라는 관점에서 역사를 바라보기 시작했다. 그러나 펠리페 2세는 훨씬 넓은 시각에서 자신의 제국을 운영할 필요가 있었다.

신대륙에서 쏟아져 들어온 은은 어디로 갔을까? 막대한 양의 은이 당시 유럽 경제의 중심을 담당한 안트베르펜으로 보내졌다. 안트베르펜 역시 펠리페 2세가 지배하는 영토로, 이곳의 번영은 펠리페 2세가 그의 제국을 유지하는 데 있어 매우 중요한 역할을 했다.

이렇게 보면 '은이 국외로 대량 유출되면서 스페인 국내 경제가 쇠퇴하고, 대신 네덜란드가 번영을 이룩했다'라는 비판이 과연 타당한지 의심스럽다. 스페인과 마찬가지로 네덜란드 역시 펠리페 2세의 영토였기 때문이다. 그러니 스페인과 네덜란드가 그의 제국 안에서 서로 다른 기능을 담당했다고 보는 게 맞지 않을까? 현대 역사가가 자국의 역사를 바라보는 관점에만 초점을 맞추어 펠리페 2세를 비판한다면 시야를 좀 더 넓혀야 한다고 지적할 수밖에 없다.

정작 펠리페 2세의 발목을 부여잡고 꼼짝 못하게 한 것은 그가 가장 중시했던 종교였다. 가톨릭 세계의 맹주인 펠리페 2세는 네덜란드 신교도에게 가톨릭 신앙을 강요하며 가혹한 종교 탄압을 시행했다. 그러자 믿음을 강요당한 네덜란드인이 강하게 반발하며 독립운동의 불길을 일으켰다. 독립운동 세력을 진압하기 위해 펠리페 2세는 군대를 파견했고 안트베르펜을 함락시켰다. 이는 1585년의 일이다. 이때 안트베르펜의 번영을 주도한 상인들이 암스테르담, 런던, 함부르크 등지로 피신하면서 안트베르펜의 영광은 막을 내렸다.

태평양 무역의 개척자가 스페인이라고?

태평양 무역은 어떻게 시작되었을까? 놀랍게도 태평양 무역을 개척한 나라는 스페인이다. 스페인은 필리핀 마닐라를 식민지로 삼았다. 1571년의 일이다. 이로써 멕시코의 태평양 연안 도시 아카풀코에서 마닐라를 오가는 바닷길이 완성되었다. 스페인의 갤리언선은 그 항로를 오가며 은을 운반했다.

마닐라로 운반된 은은 마카오를 거쳐 중국으로 유입되었다. 중국의 정크선은 마닐라—마카오—광저우 운송로를 오가며 물건을 실어 날랐다. 당시 유럽인은 중국의 견직물과 도자기 등에 열광해 중국 제품의 인기가 하늘 높은 줄 모르고 치솟았다. 그러나 유럽에서 중국으로 수출할 수 있는 상품은 많지 않았다. 그런 상황에서 유럽은 스페인이 신대륙에서 가져온 은으로 중국과의 무역에서 발생한 적자를 만회했다. 이러한 태평양 무역이 19세기 초까지 이어졌다.

갤리언선은 매년 200만 페소 상당의 은을 운송한 것으로 추정된다. 이것이 얼마나 막대한 양이었는지 실감 나지 않을 수도 있다. 좀 더 구체적으로 말해볼까? 당시 포르투갈령 인도, 네덜란드 동인도회사, 영국 동인도회사가 수송한 모든 은을 합친 금액이 200만 페소 정도 되었다고 하면 좀 더 구체적으로 와닿지 않을까. 이로써 스페인 갤리언선이 담당한 교역 규모가 어느 정도였는지 짐작할 수 있을 것이다. 스페인은 유럽뿐 아니라 태평양 무역을 통해서도 아시아에 은을 가져온 것이다. 15세기 중반부터 18세기 말까지 전 세계 은 수송의 중심에는 스페인이 있었다.

〔지도 16〕 스페인 갤리언선 항로

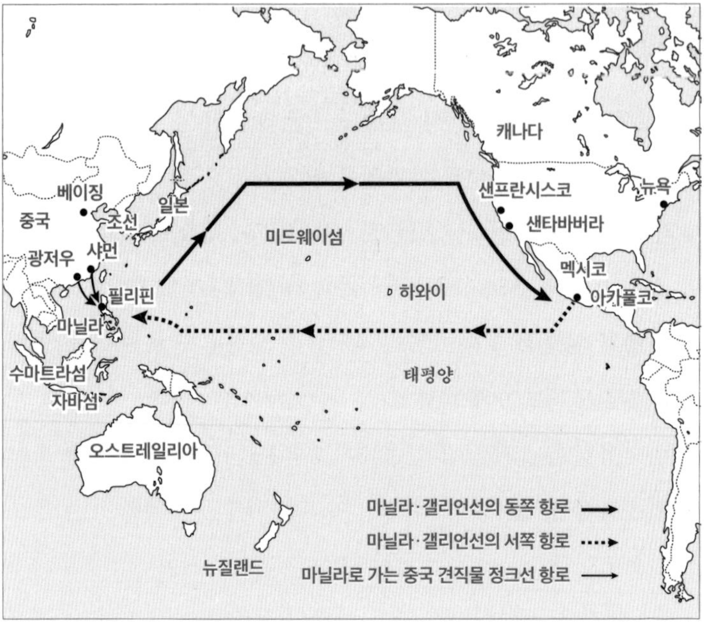

출처 : William Lytle Schurz, *The Manila Galleon*, New York, 1959, pp. 12-13

사실은 '좀처럼 쇠퇴하지 않은 두 나라', 포르투갈과 스페인

뒤이어 18~19세기 무역에서 포르투갈과 스페인이 얼마나 커다란 역할을 했는지 가늠할 수 있는 상품을 살펴보자. 그들이 주력한 상품은 '아편'과 '노예'였다.

중국 청나라에 아편을 몰래 내다 팔고 큰 이윤을 챙긴 영국과 아편 단속을 강화한 청나라 사이에 무력 충돌이 발생해 아편전쟁으로 이어졌다. 1840년의 일이다. 그런데 이 상황에서 널리 알려지지 않은 사실이 있다. 영국보다 더 많은 아편을 청에 들여온 이들이 있었으니 바로 포르투갈 상인이었다.

영국 동인도회사는 인도 북부에서 제조한 벵골 아편을 주로 취급했다. 그러나 중국에 유입된 아편은 다양했다. 포르투갈 상인은 인도 중부와 북서부 라지푸트 지방에서 생산된 말와 아편을 뭄바이나 포르투갈령 항구에서 실어 중국으로 들여왔다. 〈표 1〉을 보면 중국으로 유입된 아편 가운데 말와 아편의 양이 압도적으로 많은 것을 확인할 수 있다.

〔표 1〕 **중국에 유입된 아편 무역 상황** (단위: 상자(한 상자당 가격(달러))

무역 연도	벵골 아편	말와 아편	터키 아편	합계
1829 ~1830	7,143 (930~800)	6,857 (1,030~740)	700 (720)	14,700
1830 ~1831	6,660 (1,050~790)	12,100 (760~400)	1,671 (738~565)	20,431
1831 ~1832	5,960 (1,060~885)	8,265 (800~645)	402 (550)	14,627

출처: 井上裕正, 『清代アヘン政策史の研究』, 京都大学出版会, 2004, p. 175

〔그래프 1〕 아프리카에서 운송된 노예 수

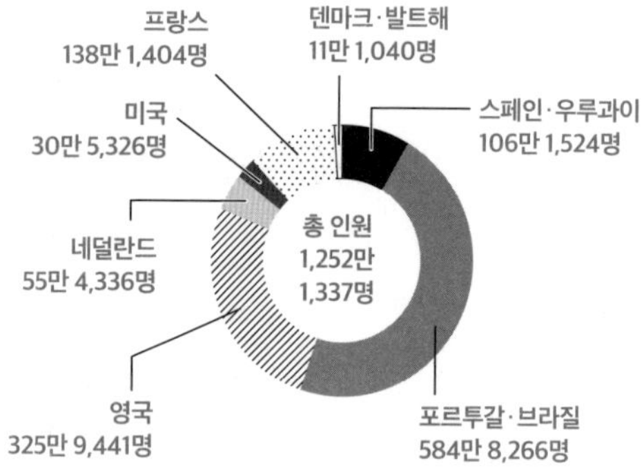

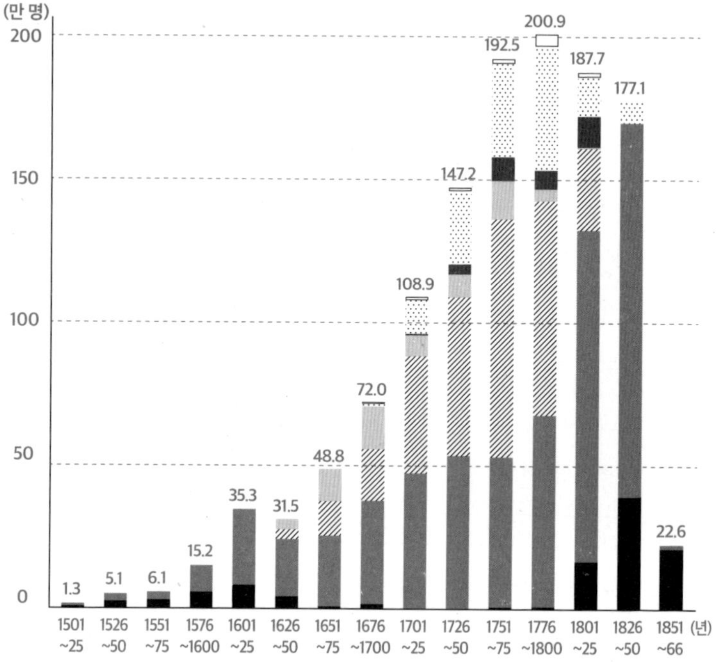

출처 : http: //www.slavevoyages.org/assessment/estimates

지금은 아편 무역을 어두운 역사로 취급하지만 19세기 전반 아시아에서 아편은 당당히 국제 무역의 한 축을 담당했다. 아편 무역을 들여다보면 포르투갈 해운업이 얼마나 큰 역할을 했는지 가늠할 수 있다.

마찬가지로 대서양 노예무역에 있어서도 기존에는 영국 선박이 노예무역의 상당 부분을 담당했다고 알려졌으나 연구가 진행됨에 따라 흑인 노예를 가장 많이 운송한 것은 포르투갈 선박이라는 사실이 밝혀졌다. 16~19세기에 영국이 실어 나른 노예는 326만여 명이던 데 반해 포르투갈과 브라질은 585만여 명에 달했다.

역사학계에서 흔히 '설탕 혁명'으로 일컬어지는 현상이 있다. 17세기부터 라틴아메리카에서 사탕수수가 대량으로 생산되며 유럽 식생활에 일대 전환이 일어났다. 여전히 빈궁하던 유럽인에게 설탕은 중요한 열량 공급원이었다. 설탕은 유럽인의 체격 증대, 체력 향상, 평균 수명 연장 등에 지대한 영향을 미치며 엄청난 변화를 가져왔다. 이것이 바로 역사가들이 말하는 설탕 혁명이며, 노예무역은 설탕 혁명으로 인해 시작되었다.

포르투갈은 사탕수수를 대규모 플랜테이션으로 생산하는 방식을 최초로 완성했다. 이 과정에서 부족한 노동력을 보충하기 위해 서아프리카에서 포르투갈령 브라질로 대량의 노예를 끌고 왔다. 이러한 생산 시스템이 영국, 프랑스, 네덜란드의 식민지이던 서인도제도로 점점 확산되었다.

19세기 초에 이르러 라틴아메리카 각국은 잇따라 독립을 쟁취했으나 브라질에서는 1888년까지, 스페인령 쿠바에서는 1886년까지 노예제가 유지되었다. 노예제가 사탕수수 생산과 밀접한 연관이 있었기 때문이다. 이런 점에서 포르투갈과 스페인의 책임이 막중하다. 아편과 노예무역으로 막대한 부를 일군 부정적인 측면까지 모두 포함해 포르투갈과 스페인은 아시아, 아프리카, 신대륙, 유럽을 아우르는 경제 네트워크를 완성하고 그 영향이 후대에까지 지속된 '좀처럼 쇠퇴하지 않던 나라'였음이 분명하다.

포르투갈은 사탕수수를
대규모 플랜테이션으로 생산하는
방식을 최초로 완성했다. 이 과정에서
부족한 노동력을 보충하기 위해
서아프리카에서 포르투갈령 브라질로
대량의 노예를 끌고 왔다.

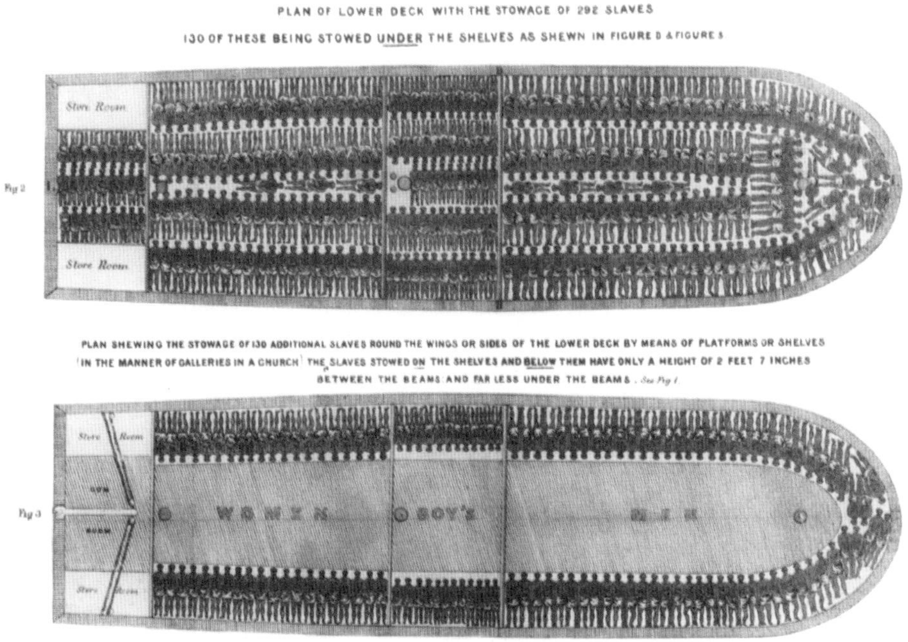

18세기 영국의 노예무역선

VITAL POINT OF HISTORY

7

천재 수학자 페르마가 고안한 '확률론'이 아니었다면 오늘날의 보험은 존재할 수 없었을 것이다?

페르마의 확률론이 없었다면 오늘날의 보험 시스템은 탄생하지 않았을 것이라는데?

17세기 프랑스의 대수학자 피에르 드 페르마(Pierre de Fermat)의 업적 가운데 가장 유명한 것은 1637년 무렵 연구한 '페르마의 마지막 정리(Fermat's Last Theorem)'다. 페르마는 3세기에 활동한 고대 그리스 수학자 디오판토스(Diophantos)의 『산수론(Arithmetica)』을 읽던 중 여백에 주석 48개를 끄적여놓았다. 그중 하나가 'n이 3 이상일 때 $x^n+y^n=z^n$을 만족하는 양의 정수 x, y, z는 존재하지 않는다'이다. 이는 300년 넘도록 수학자들의 골머리를 썩이던 난제였다. 페르마는 "이 정리에 대해 나는 참으로 놀라운 증명을 발견했으나 이 여백은 그 풀이를 적기에는 너무 좁다"라고 적어놓았다. 이 난제를 증명한 것은 영국 수학자 앤드루 와일스 경(Sir Andrew John Wiles)으로,

1994년의 일이다.

그런데 페르마가 남긴 위대한 업적 중 세계사 전체에 영향을 미친 게 있었으니, 바로 '확률론'이다. 확률론이 없었다면 우리는 오늘날과 같은 생활을 누리지 못했을 것이다. 현재 우리 생활을 뒷받침하는 '보험' 시스템이 존재하지 않을 것이기 때문이다. 개인의 생명보험은 물론 자동차 수출입이나 건물 건축 등에 있어 손해보험은 필수 요건이다. 우리가 가입하는 보험료율은 사고와 재해 등이 어느 정도 확률로 일어날지를 예측해 보험사에서 결정한다. 이를 판단하기 위한 데이터 준비 작업이 '통계'이며 사고가 일어날 '가능성'을 계산하는 작업이 '확률론'이다.

그러한 확률론에 결정적 역할을 한 인물이 페르마다. 여기에 또 한 명의 천재 수학자 블레즈 파스칼(Blaise Pascal)이 힘을 보탬으로써 확률론이 완성될 수 있었다.

죽을 때까지 한 번도 만나지 않고 오로지 편지로만 확률론 분야를 함께 개척한 두 천재, 파스칼과 페르마

세상을 바꾼 엄청난 업적은 편지 한 통에서 시작되었다. 파스칼은 페르마에게 보낸 편지에서 도박에 관한 문제를 제기했다. 아주 단순하게 정리하면 이런 것이다.

피에르 드 페르마(Pierre de Fermat, 1607~1665)

페르마가 남긴 위대한 업적 중 세계사
전체에 영향을 미친 게 있었으니,
바로 '확률론'이다. 확률론이
없었다면 우리는 오늘날과 같은
생활을 누리지 못했을 것이다.

블레즈 파스칼(Blaise Pascal, 1623~1662)

확률론에 결정적 역할을 한 인물이
페르마다. 여기에 또 한 명의 천재 수학자
블레즈 파스칼이 힘을 보탬으로써
확률론이 완성될 수 있었다.

두 도박사가 동전을 다섯 번 던진다. 앞면이 많이 나오면 A가 이기고 뒷면이 많이 나오면 B가 이기는 것이었는데, 예기치 못한 사태가 발생해 세 번 던진 단계에서 동전 던지기를 중지해야 했다. 그렇다면 이때 A와 B는 어떻게 상금을 나누어 가져야 할까?

이 질문을 두고 파스칼과 페르마는 넉 달 동안 편지를 주고받았다. 이 문제는 과연 두 천재가 넉 달 동안 매달려 토론해야 할 정도로 중요한 것이었을까? 스탠퍼드대학 명예 교수이며 오늘날 가장 인기 있는 수학 저술가로도 활동하는 수학자 키스 데블린(Keith J. Devlin)의 말을 빌리면 "이 편지는 최초로 미래를 예측하는 방법을 제시"한 의미를 지니는 것이었다.

페르마와 파스칼은 이미 일어난 일을 가지고 앞으로 일어날 일을 수학적으로 계산하는 방법 연구에 매진했다. 파스칼이 의문을 제기하면 페르마가 뛰어난 풀이를 통해 화답했다. 데블린 교수는 『끝나지 않은 게임: 파스칼과 페르마가 17세기에 주고받은 편지, 그 편지가 세계를 현대화했다(The Unfinished Game: Pascal, Fermat, and the Seventeenth-Century Letter that Made the World Modern)』(2008)에서 두 천재의 논의 과정을 자세히 소개하고 다음과 같이 평가했다.

> 파스칼이 편지를 보낸 이후 100년 사이에 평균여명표가 영국 종신연금의 기초가 되었고 런던은 해운 보험 사업의 중심지로 거듭났다. 만일 이 보험이 없었다면 해운업은 거대한 리스크를 감수할 수 있는 부

유층의 독점 사업으로 남았을 것이다.

다시 말해 두 천재의 연구가 보험의 주춧돌이 된 셈이다. 참고로 법률가이기도 했던 페르마는(본업에서도 형사 재판소의 최고위직까지 오를 정도로 출세했다) 평생 수학 연구 논문을 발표하지 않았다. 대신 그는 유럽 최고 수학자들과 수시로 편지를 주고받으며 자신의 천재성을 발휘했다. 당시 지식인들은 편지를 활용해 토론했는데, 파스칼과 페르마는 죽을 때까지 한 번도 직접 만난 적 없이, 오로지 편지로만 확률론 분야를 개척했다.

한편 당시 유럽에서는 편지를 보내도 받는 사람에게 반드시 배달된다는 보장이 없었다. 그래서 같은 내용의 편지를 몇 통씩 써서 복제본을 보내 배달 사고를 방지하고 보내는 사람도 복제본을 남겨두는 게 일반적이었다.

근대 보험이 성립하기 위해서는 또 하나의 중요한 수학 법칙이 필요했다. 17세기 스위스 물리학자이며 수학자인 야코프 베르누이(Jakob Bernoulli)를 비롯한 수학자들이 완성한 '큰수의 법칙(Law of large numbers)'이다. 이는 '더 많은 시행착오를 반복할수록 계산상의 확률에 가까워져 가는' 과정을 수학적으로 증명한 개념이다. 예를 들어 주사위를 던져 1이 나올 확률은 6분의 1이다. 그런데 실제로는 주사위를 6회 던질 때 1이 두 번 나올 수도 있다. 그것이 던지는 횟수를 늘릴수록 6분의 1에 가까워진다. 주사위를 6만 회 던지면

1이 1만 번 가까이 나온다는 게 바로 '큰수의 법칙'이다.

근대 보험이 성립하려면 확률론과 함께 방대한 데이터를 수집하고 처리하는 '통계'가 필요했다.

고대 그리스와 로마에도 해상보험이 존재했다는데?

잠깐 시간을 되돌려보자.

세계에서 가장 오래된 보험은 바빌론 시대인 기원전 2000년으로 거슬러 올라간다. 이 시대 보험은 화물을 상인에게 위탁한 사람이 거래가 완료될 때까지 상인의 가족과 재산을 압류해두는 방식이었다. 이렇게 설명하면 '인질'이라는 단어가 떠오를 텐데, 인질보다는 '담보'에 가까운 개념이다.

고대 그리스와 로마에서도 해상보험을 활용했으며 '모험 대출(해상 대출, Marine lone)'이라고 했다. 먼저 선주나 화주는 선박 혹은 화물을 담보로 자금을 빌린다. 이후 선박이나 화물이 안전하게 목적지에 도착하면 이자를 포함해 대출금을 상환한다. 그런데 만일 항해가 무사히 완료되지 못하면 어떻게 되었을까? 원금과 이자 상환 의무가 면책되었다.

고대 그리스와 로마의 해상보험은 오늘날 우리가 생각하는 보험과는 차이가 있었다. 근대적 의미에서 보험의 본질은

'리스크 헤지(risk hedge)', 즉 손실 위험을 회피하기 위한 대비책이었다. '모험 대출'의 경우 선주나 화주에게 자금을 제공한 측은 리스크 헤지가 불가능했다. '모험 대출'의 주요 목적은 무역 자금 모집이었던 것이다. 따라서 보험이라기보다 투자 자금 모집 성격이 강했다.

반면 1343년과 1347년에 이탈리아 제노바에서 작성된 두 장의 증서는 최초의 보험 계약으로 볼 수 있다. 증서의 내용을 보면, 선주와 화주가 사전에 투자자에게 위험 부담료를 지불하거나 손해가 발생하는 경우 배와 화물을 투자자에게 넘기는 계약 등이 기재되어 있었다.

그러나 이 증서 역시 근대적 의미의 보험으로 보기에는 무리가 있다. 중세 이탈리아에서 발전한 보험업은 어디까지나 경험에 근거한 것이었다. 중세 이후 이탈리아에서 발전한 상업 시스템을 근대 경제 시스템의 기원으로 보는 주장이 자주 제기되는데, 이는 근대와 그 이전 사이의 커다란 차이를 무시하거나 가볍게 본 논의라고 생각한다. 중세와 근세 이탈리아의 경제 시스템이 그 자체로 근대 경제로 발전한 것이 결코 아니다.

또한 기업 형태에서도 중세와 근대 사이에 존재한 막대한 차이를 발견할 수 있다. 이 차이는 보험 양식과도 밀접하게 연관되어 있었다.

중세 기업은 기본적으로 일회성 사업을 위해 설립되었다. 오늘날 기업 형태에 빗대어 말하자면 '프로젝트형 기업'이라고 할 수 있다.

해양 무역에 있어, 특정 항해를 위해 투자가와 선주 등이 모여 사업을 추진한 후 항해가 끝나면 해산하는 게 일반적인 절차였다. 반면 근대 기업은 영구성을 전제로 삼았다. 지금 존재하는 회사가 미래에도 계속 영업을 한다는 전제를 기본으로 계약, 고용, 상거래 등이 이루어진 것이다. 현대를 사는 우리는 그것을 당연한 일로 여기지만, 이처럼 '장기간 활동하고 원칙적으로는 영구적으로 사업을 계속해나간다'는 기업 개념은 근대의 산물이다.

일회성 사업을 위해 구성되는 중세 기업과 영구적으로 되풀이되는 사업을 추진하는 근대 기업. 이 둘이 생각하는 합리적인 행동은 서로 다를 수밖에 없었다.

예를 들어 중세 상인이 해양 무역을 계획할 때 어느 특정 해상루트는 단 한 번만 통과하며 그 해로에서 난파하는 배가 열 척에 한 척이 될까 말까 하는 정도라고 가정해보자. 이런 경우 보험을 들 필요가 없다는 결정이 합리적일 수 있다.

한편 근대 무역회사는 꾸준히 반복해서 사업을 진행하기에 특정 해로를 수시로 통과할 것이다. 그렇다면 항해할 때마다 해상보험을 드는 것이 합리적인 행동이다. 영구적인 사업을 이끌어가는 경영자는 장기적인 관점에서 매사를 바라보며 판단을 내리게 되는 것이다.

해상 운송 사업에서 발생할 수 있는 리스크를 분담하기 위한 한자동맹의 시스템, 파르텐레더라이

그렇지만 근대 상인은 치밀하게 계산해서 합리적으로 사업을 꾸려나갔고 중세 상인은 투기에 가까운 비합리적인 방식으로 장사했다고 잘라 말할 수는 없다.

일회성 사업을 기본으로 여긴 중세 상인은 보험제도와는 다른 리스크 헤지 방식을 가지고 있었다. 그 한 예가 한자동맹에서 활용한 '파르텐레더라이(Partenreederei)'로, 일종의 파트너십이다.

프랑스 역사가이며 한자동맹 전문가인 필리프 돌랭제(Philippe Dollinger)에 따르면, 14세기 중반부터 지중해와 포르투갈에서 사용되던 해상보험을 한자 상인들은 16세기 중반에 이르도록 알지 못했다고 지적했다.

대신 한자동맹에서는 선박을 개념상 몇 개의 지분으로 나누어 여러 명이 지분을 부담하는 방식을 채택했다. 예를 들어 어떤 사람은 배의 20퍼센트, 다른 사람은 배의 15퍼센트를 소유하는 형식으로 지분을 나누어 가졌으며 배의 선장 또한 일반적으로 자기 지분을 가졌다.

이것이 바로 '파르텐레더라이'다. 흔히 '선박 공유 제도'로 번역되는데 '선박'보다 '해운'으로 옮기는 것이 더 정확하다. 말하자면 '파르텐레더라이'는 해상 운송 사업에서 발생할 수 있는 리스크를 분담하기 위한 시스템이라고 할 수 있다.

연구자들은 한자동맹의 '파르텐레더라이'를 해상보험과 비교해 열등한 시스템으로 취급하는 경향이 있었다. 지중해에서 발전한 해상보험이 좀 더 근대 보험에 가깝다고 평가하는 분위기가 지배적이었던 것이다.

그런데 이런 평가는 과연 합당할까? 아직 확률론이 발전하지 않았고 큰수의 법칙도 발견되지 않은 중세에서는 보험이라고 해도 정확한 리스크 계산에 근거한 것이 아니었다. 그렇다면 오히려 리스크를 분산하는 방법을 활용해 사업 실행자인 선장을 지분 보유자로 설정함으로써 책임을 부과하는 한자동맹의 제도가 현실적으로는 더 우수한 것이 아니었을까?

중세와 근대는 사업 형태 자체가 처음부터 달랐다. 그 차이를 고려하지 않은 채 '근대에 가까울수록 더 우수하다'고 단편적으로 파악하는 것은 공정한 평가로 볼 수 없다.

'근대적 기업'의 탄생

그러면 또 질문해보자. 근대적 기업은 언제 탄생했을까? 사업이 영구적으로 지속될 것이라고 믿는 사고방식은 언제 정착되었을까? 이러한 물음에는 쉽게 답할 수가 없다. 각 국가의 상황에 따라, 또 업종에 따라 상당한 차이가 있을 것이기 때문이다. 해운업과 무역에 한정해서 생각해보면 국제 '정기 항로'가 명확히 형성된 19세기 말에 이르러서 이러한 기업이 자리 잡았다고 볼 수 있다. 그리고 같은 시기에 참된 의미의 근대적 보험 또한 확립되었다고 추정할 수 있다.

그 시작에는 증기선의 보급이 있었다. 증기선이 보급되면서 정기 항로의 규모가 확장되고 선박 수가 급격히 늘어났다. 그러자 항해 관련 자료 수집량이 따라서 증가해 비로소 큰수의 법칙이 현실 사업에서 활용되기 시작했고 '어느 정도 확률로 사고가 발생할지'를 따지는 사고율이 의미를 발휘할 수 있게 되었다.

흥미로운 것은, 19세기에 이르러 큰수의 법칙이 사회 기본 법칙으로 여겨지게 된 일이다. 벨기에 수학자이자 사회학자인 아돌프 케틀레(Adolphe Quetelet)는 '사회 물리학(Social Physics)'이라는 이름으로 범죄율, 혼인율, 자살률 등을 고찰하고 국세(國勢)조사를 지도했다. 케틀레 덕분에 통계학으로 인간 행동의 법칙을 발견할 수 있다는 사고가 정립되었다.

또 프랑스 수학자 시메옹 드니 푸아송(Siméon Denis Poisson)은 근대 보험의 기초를 마련한 '푸아송 분포(Poisson Distribution)'를 발견했다. 이는 1838년의 일로, 푸아송 분포는 일정 시간 안에 무작위로 발생하는 사건(예를 들면 교통사고)의 확률 분포를 나타낸다. 물론 이것이 실제 보험업계에 도입되기까지는 상당한 시간이 소요되었다.

핼리 혜성과 생명보험

근대적 보험에서 '확률'과 더불어 중요한 개념이 바로 '통계'다. 17세기 후반부터 18세기에 걸쳐 영국에서는 국가사회를 숫자로 파악하려는 '정치 산술(Political Arithmetic)'이 활발하게 시도되었다. 이 분야를 대표하는 인물은 17세기 영국 경세학사 윌리엄 페티 경(Sir William Petty)이다. 1672년 무렵 저술해 사후 출간된 『정치 산술(Political Arithmetic)』(1690)에서 페티 경은 '수량, 중량, 척도'로 사회의 모습을 보여주고자 했다.

정치 산술을 도입한 학자들은 특히 인구에 주목했다. 윌리엄 페티 경의 지인이던 통계학자 존 그론트(John Graunt)는 정치 산술의 효시로 손꼽히는 『사망표에 관한 자연적 및 정치적 고찰(Natural and Political Observations Made upon the Bills of Mortality)』(1662)을 발간했다. 이 책에서 그론트는 런던 교구별 사망자 수와 사인을 집계한 '사망표(死亡表)'를 바탕으로 런던의 인구, 병역으로 징집 가능한 나이의 남성 수, 출산이 가능한 나이의 여성 수 등을 정리했다.

존 그론트가 애초에 '사망표'를 작성한 배경에는 당시 유럽 전역에서 창궐한 감염병 페스트에 대한 공포가 도사리고 있었다. 그는 사망자 수가 많은 지구를 조사해 페스트 유행을 예측해보고자 했다. 한편 의사이기도 했던 윌리엄 페티 경은 『아일랜드의 정치적 해부(Political Anatomy of Ireland)』(1691)라는 책도 썼다. 여기서 그는 국가를 몸에 비유해 그 몸을 해부, 즉 수치화함으로써 국가가 안고 있는 문제점을 바로잡을 수 있다는 발상을 펼쳤다.

다시 보험으로 이야기를 되돌려보자.

생명보험과 해상보험(손해보험)을 비교했을 때 통계적으로 다루기 쉬운 쪽은 생명보험이다. 일단 데이터 수에 있어서 비교가 안 된다. 해상보험은 경로나 날씨에 따라 난파하는 리스크가 완전히 달라져 유효한 데이터를 축적하기가 어렵다. 반면 생명보험은 개인의 삶과 죽음이 대상이므로 가령 인구 10만 명이 사는 도시라면 1년만 지나도 상당한 수의 데이터를 얻을 수 있다.

17세기 후반 영국에는 이미 생명보험 회사가 존재했다. 그러나 보험료 계산의 명확한 근거가 없는 상황이었기에 사실 도박에 가까운 사업이었다.

이러한 때 근대 생명보험의 기초를 마련한 것은 영국 천문학자 에드먼드 핼리(Edmond Halley)의 연구였다.

에드먼드 핼리는 명왕성 가까이에 주기적으로 나타나는 혜성이 있으며 그 출현 주기가 76년이라는 것을 계산해서 발표했다. 뿐만 아니라 지자기 규칙, 무역풍과 기압에 관한 연구를 개척하기도 했다. 한편 아이작 뉴턴(Sir Isaac Newton)과 친분이 두터웠던 핼리는 뉴턴의 『자연철학의 수학적 원리(Philosophiæ Naturalis Principia Mathematica)』(1687)가 세상에 나올 수 있도록 물심양면으로 지원했다.

이처럼 에드먼드 핼리는 많은 업적을 이루었는데 그중에 생명보험이 체계적으로 발전하는 데 토대가 된 것이 포함되어 있다. 바로 '생명표'의 작성이다. 생명표는 어떤 집단의 인구, 나이, 사망자 수 등을 조사해 사망률과 평균여명 등을 산출해 작성한 표를 말한다. 지금도 이 자료 없이는 생명보험이 성립할 수 없다.

핼리는 교회 기록을 바탕으로 생명표를 작성했다. 이는 1693년의 일이다. 한 사람 한 사람을 보면 법칙성이 없어 보이는 인간의 죽음도 집단 전체를 보면 일종의 법칙을 발견할 수 있다. 따라서 핼리는 인구, 주민 구성, 사망 나이 등을 파악하면 특정 인물이 몇 년 정도 살 수 있을지 추산할 수 있다는 것을 논리적으로 증명하는 이론을 발표했다.

핼리가 작성한 생명표는 윌리엄 페티와 존 그론트의 방법을 한 단계 더 발전시킨 개념이었다. 정치 산술에서 근대적 생명보험이 태어난 셈이다.

커피하우스에서 세계 최고의 보험조직으로

런던에 커피하우스 하나가 문을 열었다. 1688년 무렵의 일이다. 이후 1730년대에 커피하우스가 금융가인 롬바드가로 이전하자 무역상과 선원이 가게에 몰려들었다. 오늘날 세계 보험시장의 중심 '로이즈(Lloyd's)'는 이렇게 '로이즈 커피하우스(Lloyd's Coffee House)'

에서 시작되었다.

16~17세기 유럽에 커피를 마시는 습관이 전해졌으며 17세기 후반에 접어들면 영국에도 커피하우스 여러 곳이 문을 열고 인기를 끌게 되었다. 당시 커피하우스는 그저 커피를 마시는 공간이 아닌, 풍문과 토론이 난무하고 최신 정보를 공유하는 사랑방 역할을 겸했다. 커피하우스에 모여드는 사람들을 대상으로 벽에는 다양한 상품 광고와 구인 공고가 빼곡하게 붙어 있었다. 또 견본 상품을 전시하는 선전 활동은 물론 정치 활동과 경제 활동의 무대로써 커피하우스는 일간신문과 잡지의 발달에도 큰 영향을 미쳤다.

로이즈 커피하우스는 금융가에 위치한 덕분에 금융과 무역에 종사하는 사람들로 늘 북적였다. 그래서 어느 날에는 로이즈 커피하우스에서 선박 경매가 이루어지기도 했고 커피하우스에 드나드는 손님이 가져오는 최신 선박 정보를 담은 신문『로이즈 뉴스(Lloyd's News)』(훗날의『로이즈 리스트(Lloyd's List)』)를 발행하기도 했다.

로이즈 커피하우스에 모여든 사람들 중에는 보험업자들도 있었다. '언더라이터(underwriter)'라고 불리던 이들 보험업자는 보험 인수가 주요 업무였다. 그들은 해상보험과 관련해서는 무엇보다도 정확하고 새로운 정보를 신속하게 손에 넣는 게 중요하다고 생각했다. 그래서 로이즈를 아지트 삼아 모이던 언더라이터들이 신디케이트를 결성했다. 이 모임이 로이즈 사단이 되고 드디어 법인화가 이루어져 '로이즈 보험조합'이 되었다. 1871년의 일이다.

런던에 커피하우스 하나가 문을
열었다. 1688년 무렵의 일이다. 이후
1730년대에 커피하우스가 금융가인
롬바드가로 이전하자 무역상과 선원이
가게에 몰려들었다. 오늘날 세계
보험시장의 중심 '로이즈'는 이렇게
'로이즈 커피하우스'에서 시작되었다.

로이즈는 18세기 영국의 해상보험을 거의 독점했다. 그리고 19세기에는 세계 최대 해상보험 조직으로 성장했다. 해상보험은 암스테르담이나 함부르크 같은 유럽의 다른 도시에서도 발전했지만 19세기에 가장 많은 고객을 확보한 곳은 영국이었다.

한편 로이즈는 '재보험(再保險)' 분야에서도 역량을 발휘했다. 보험회사도 보험에 가입한다. 만일 대규모 자연재해나 사고가 발생하면 리스크가 너무 커져서 한 회사에서 감당할 수 없게 된다. 이러한 리스크를 분산하기 위해 다른 보험회사에 '사고가 일어났을 때 보험료를 지급하기 위한 보험'을 가입해두는 것이다. 재보험이 있기에 보험이 취급하는 안건을 확대할 수 있게 되었다.

지금까지 근대적인 보험이 확립하려면 어떤 조건이 필요한지 살펴보았다. 정리해보자.

- 페르마, 파스칼 등이 확립한 수학적 확률론
- 정치 산술 등 사회를 통계적으로 파악하는 발상,
  그러한 발상을 뒷받침하는 사회 조사 기법과 통계학의 발전
- 영구적으로 사업을 추진하는 근대 기업

그리고 해상보험이 성립하기 위해서도 필요한 조건이 있다.

- 증기선의 도입으로 정기 항로 확립, 항해 수 증가

18~19세기 영국은 이러한 조건을 갖추고 있었기 때문에 당시 런던에서 탄생한 로이즈 해상보험이 세계를 아우르는 보험의 중심이 될 수 있었다.

8

18~19세기에 영국은 천문학적 부채, '남해 버블 사건', 수많은 전쟁에도 불구하고 어떻게 승승장구할 수 있었을까?

근대 세계의 가장 막강한 나라 대영제국이 사실은 부채 대국이었다?

재정 적자는 국가에 마이너스일까? 갑자기 이런 질문이 날아오면 쉽게 답을 할 수가 없다.

근대 경제학에서는 균형 예산, 즉 세입과 세출이 같고 빚이 없는 상태를 이상으로 여긴다. 2017년을 기준으로 일본의 국가 부채는 누적 1,000조 엔을 넘어섰다. 국가 예산을 가계에 빗대어 생각해보면 좀 더 구체적으로 다가온다. 즉 연 소득이 577만 엔인데, 그중 빚 갚는 비용으로 235만 엔을 쓰고 있는 형국이다. 이런 상태로는 나라 살림을 온전히 꾸려나갈 수 없다.

오늘날의 시각에서 벗어나 세계사에서 '국가와 부채' 문제를 한 번 짚어보면 어떨까?

근대 세계에서 가장 막강했던 나라 대영제국은 알고 보면 부채 대국이었다. 뜻밖이라고 생각하겠지만 사실이다. 그런데 대영제국은 자국이 떠안고 있던 빚을 잘 갚음으로써 세계 패권을 장악한 강대국이 될 수 있었다고 말하는 것이 좀 더 적절할 것이다.

영국은 어떻게 천문학적인 부채에 시달리면서도 재정 파탄을 면할 수 있었을까?

사실 빚더미에 올라앉은 나라는 영국만이 아니었다. 근세 유럽 각국은 대부분 막대한 부채에 짓눌려 있었는데, 전쟁이 주요 원인이었다.

근세 유럽에서는 그야말로 하루가 멀다 하고 전쟁이 이어졌다. 유럽이라는 한정된 공간 안에서 통일 제국을 형성하지 못하고 지역마다 세력이 갈리며 수시로 힘겨루기 전쟁이 벌어진 탓이다. 15세기에 들어서 이른바 군사 혁명이 일어나 전쟁에서 화기를 사용하게 되자 국방비가 폭등했다.

어마어마한 국방비를 충당하기 위해 각국은 여기저기서 빚을 끌어다 쓸 수밖에 없었다. 새롭게 돈 나올 구멍을 찾는 것은 쉬운 일이 아니었는데, 가장 흔한 현상은 부채를 갚기 위해 왕실 영토를 매각하는 일이었다. 1789년에 일어난 프랑스 혁명의 주된 원인 또한 잦은 전쟁으로 인한 재정난이었다.

이런 상황에서 천문학적인 부채에 시달리면서도 재정 파탄을 면한 예외적인 국가가 있었다. 바로 영국이었다. 영국의 국가 부채는 17세기 후반부터 눈덩이처럼 불어났다. 1788년을 기준으로 영국 정부의 부채가 명목 국민총생산(GNP)의 1.8배에 달했다는 주장도 있다. 모두 전쟁을 치르면서 불어난 부채였다. 특히 1688년 명예혁명 이후 왕위 계승을 주장하며 프랑스가 개입한 팔츠전쟁을 시작으로 1815년 나폴레옹 전쟁이 종결될 때까지 영국은 프랑스와 '제2차 백년전쟁'이라 부르는 장기전을 되풀이했다.

오랜 전쟁을 치르는 동안 영국과 프랑스 모두 막대한 빚을 떠안게 되었으나 영국은 그 와중에 강력한 국가 체제를 확립했고 프랑스 부르봉왕조는 붕괴되었다. 두 나라의 이러한 차이는 어디에서 비롯된 것일까?

〔표 2〕 **18세기 영국의 전쟁 비용**(단위: 파운드)**과 부채율**

연도	전쟁을 위한 총지출	부채율(%)
1688~1697	32,643.8	33
1702~1713	50,685.0	31
1718~1721	4,547.3	0
1739~1748	43,655.2	31

1756~1763	82,623.7	37
1776~1785	87,599.6	40
1793~1815	831,446.4	26

출처: Larry Neal, "Interpreting Power and Profit in Economic History: A Case Study of the Seven Years War", *The Journal of Economic History*, Vol. 37, No. 1, 1977, p. 31

빚은 영국이 더 많았는데, 영국이 아닌 프랑스에서 혁명이 일어난 이유

영국 사회학자 존 브루어(John Brewer)는 18세기 영국은 '재정—군사국가(fiscal-military state)'였다고 했다. 즉 영국은 전쟁을 위해 거액의 빚을 내어 막대한 재정을 운영하며 강력한 전쟁 수행 국가를 만들었다는 주장이다. 실제로 영국과 프랑스를 비교해보면 영국의 조세 부담이 프랑스보다 훨씬 무거웠다. 애초에 프랑스 인구는 영국 인구의 2~4배였기에 넉넉한 세수를 기대할 수 있었다.

빚은 영국이 더 많았는데 왜 프랑스에서 혁명이 일어났을까? 더구나 영국이 혁명은커녕 오히려 번영의 기초를 다질 수 있었던 이유는 대체 무엇일까? 그 비결은 세금 체계에 있었다. 프랑스가 토지세 같은 직접세를 주체로 세금을 징수했다면 영국은 간접세, 특히 소비세를 중심으로 세수를 충당했다.〈표 3〉

영국이 소비세를 늘린 것은 부채와 깊은 관련이 있었다. 영국은

〔그래프 2〕 **세수 총액에서 차지하는 국채 비율**

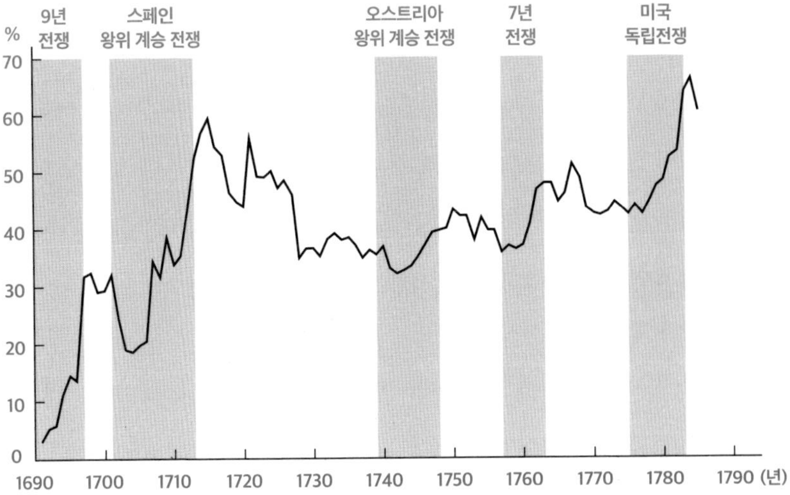

출처: John Brewer, *The Sinews of Power: War, Money and the English State, 1688–1783*, Harvard University Press, 1990

장기 국채를 신규 발행할 때마다 그 이자를 지급하기 위해 관세, 소비세, 인지세 등 간접세를 늘렸다. 그런데 이 소비세를 주체로 한 세금 체계가 영국에 천운으로 작용했다.

영국의 소비세는 생활필수품을 신중하게 피해 주요 사치품에 매겨졌다. 구체적으로 맥주, 석탄, 비누, 가죽, 유리 등에 부과되었다. 국민 소득이 상승하면 기본적으로 생활에 요긴한 필수품 소비량은 크게 변화하지 않지만 평소 엄두도 못 내던 사치품 소비량이 크게 증가한다. 즉 경제 발전 시기에는 사치품에 부과한 소비세 세수가 국민 소득 증가분 이상으로 증가한다는 것이다. 경제학적으로 말하면, 영국은 수요의 소득 탄력성이 높은 상품에 세금을 부과해 세수를 늘렸다.

반면 프랑스는 어땠을까? 17세기 초에서 18세기 초에 이르도록 프랑스의 지출은 엄청나게 증대했다. 그 주요 원인은 영국과 마찬가지로 전쟁이었다. 프랑스는 그 시기 동안 몇 차례나 채무 불이행을 되풀이하는 등 재정 정책이 크게 혼란스러워졌다.

프랑스는 정말로 돈이 필요할 때 신용을 얻지 못했다. 그럼으로써 재정 파탄에 이르렀다. 프랑스의 부채 자체는 영국보다 적었으나 세수에서 차지하는 이자 지급 비율이 영국보다 훨씬 높았다. 다시 말해 채무 불이행을 반복한 프랑스는 신용을 잃어 높은 이율이 아니고서는 자금을 조달할 수 없었던 것이다.

프랑스의 주요 과세는 오래 전부터 그래왔듯이 토지세가 중심이 되었다. 소비세와 달리 토지세는 경제 성장률 이상으로 세수가 증대되는 상황을 기대할 수 없다. 게다가 프랑스 토지의 30~40퍼센트를 소유한 귀족과 성직자에게는 면세 특권이 인정되었다. 결국 힘들게 일한 사람에게 과한 세금 부담까지 지우는 불공평한 상황이 이어지자 프랑스 국민은 심한 박탈감을 느끼며 조세 저항이 거세게 일어났다.

이렇게 토지세를 중심으로 하는 구체제(Ancien Régime) 재정 제도에서 탈피해 프랑스가 근대 국가 재정 체제로 전환한 때는 나폴레옹 전쟁이 끝난 1815년 이후였다. 프랑스의 재정 제도는 세수 증대에 있어서 영국보다 훨씬 뒤처졌다.

〔표 3〕 **영국과 프랑스의 직접세, 간접세 비율**(단위: %)

연도	직접세		간접세		기타	
	영국	프랑스	영국	프랑스	영국	프랑스
1715	27	61	69	34	4	5
1720	26		69		5	
1725	20	48	76	47	4	5
1730	24	48	73	47	3	5
1735	17	59	81	37	2	4
1740	26	48	73	47	1	5
1745	32	57	66	39	2	4
1750	28		71		1	
1755	21	46	76	45	3	9
1760	26		72		2	
1765	22	54	75	42	3	4
1770	18	50	75	45	7	5
1775	18	49	77	47	5	4
1780	21	45	73	51	7	4
1785	18	48	76	46	6	6
1790	17	38	75	51	8	11

출처: Peter Mathias, Patrick Karl O'Brien, "Taxation in Britain and France, 1715-1810: A Comparison of the Social and Economic Incidence of Taxes Collected for the Central Governments", *Journal of European Economic History*, Vol. 5, No. 3, 1976, p. 622

똑같은 '버블 사건'의 위기에 대한 전혀 다른 대응으로 백팔십도 다른 운명을 맞이한 두 나라 영국과 프랑스

18세기 초 영국과 프랑스에서는 거의 같은 시기에 유명한 버블 사건이 일어났다. 영국의 남해 버블(South Sea Bubble, 일본의 '버블 경제(Bubble Economy)'라는 말이 여기에서 나왔다)과 프랑스의 미시시피 버블(Mississippi Bubble). 이 두 사건은 발단에서부터 붕괴 과정까지 소름끼치게 닮았다. 그러나 이후 처리 과정에서 명암이 갈렸다.

사건의 경위를 간단히 살펴보자. 영국과 프랑스 모두 사건의 발단은 전쟁으로 인한 부채 처리에 있었다.

영국에서 남해회사(South Sea Company)가 창설된 것은 1711년의 일이다. 남해회사는 스페인 왕위 계승 전쟁에서 승리하며 획득한 라틴아메리카 무역권을 목적으로 세워졌으며, 그중에서도 아프리카와 서인도제도를 잇는 노예무역 이권을 주로 노렸다. 그런데 남해회사의 진정한 목적은 급격히 늘어난 영국 정부의 채무를 상환하는 것이었다. 스페인 왕위 계승 전쟁에 참여함으로써 영국 정부의 부채는 1,600만 4,000파운드에서 5,300만 7,000파운드로 세 배 넘게 증가한 상황이었다.

남해회사는 실제로 노예무역에서 뚜렷한 성과를 내지 못했다. 그러자 정부 국채를 취급하는 금융사업에 주력해 국채와 남해회사 주식을 교환하고 그 금액을 정부에 빌려주는 방식으로 사업을 운영했다.

잉글랜드은행과 동인도회사 소유분을 제외한 모든 국채, 3,000만 파운드가량을 남해회사 주식으로 전환한다는 계획이 발표되었다. 1720년의 일로, 같은 해 5월쯤 남해회사 주가의 법정 평가는 5배 가까이 급상승했다. 하지만 이러한 상황은 오래 가지 못한 채 불과 몇 개월 만에 원래 가격으로 돌아가며 가파르게 추락하기 시작했다. 남해회사의 버블은 이렇게 붕괴했다.

한편 프랑스 미시시피 버블의 주인공은 스코틀랜드 출신 경제학자이자 은행가, 사업가인 존 로(John Law)였다. 1717년 존 로는 미시시피회사(Mississippi Company)의 경영권을 획득하고 미시시피강 유역 프랑스 식민지(당시 프랑스는 북아메리카에 루이지애나 등의 광대한 식민지를 소유하고 있었다)와 무역사업을 계획했다. 그는 미시시피회사를 확장하는 동시에 통화 발행권을 가진 왕립은행을 설립했다.

존 로가 목표로 삼은 것은 프랑스 재정 적자의 해소였다. 프랑스 왕립은행이 은행권을 발행하면 이를 특권 무역회사인 미시시피회사가 인수해 정부에 빌려준다. 그러면 정부는 그 자금을 밑천으로 삼아 재정 지출과 기존 채무를 상환한다는 계획이었다. 그는 또한 불환지폐(금과 교환하지 않는 지폐)를 발행하기도 했다.

눈에 띌 만한 실적을 내지 못했음에도 미시시피회사 주가가 500리브르에서 1만 리브르로 폭등했다. 1719년의 일이다. 그러나 이듬해에 급격한 신용 불안이 발생하며 1721년에 주가는 다시

500리브르로 곤두박질쳤다. 존 로는 망명을 선택할 수밖에 없었다.

이처럼 영국과 프랑스의 버블 사건은 몹시 닮았다. 그러나 사후 처리에서는 전혀 다른 모습을 보여주었다. 영국의 남해 버블 처리는 휘그당 소속으로 총리가 된 로버트 월폴(Robert Walpole, 재임 1721~1742)이 맡았다. 월폴은 남해회사가 안고 있던 정부 부채를 절반으로 줄이고 나머지는 회사 이사와 정쟁에서 패배한 정치인의 재산을 몰수하고 잉글랜드은행에 부담시키는 등의 방법으로 처리하고 투자가에게도 보상했다.

여기서 주목할 부분은 월폴이 여당인 휘그당을 이끌며 의회의 지지를 기반으로 사태를 수습하고 뒤처리에 나섰다는 사실이다. 원래 영국은 '재무부와 의회는 언제나 한 몸'이라는 말이 있을 정도로 예산안을 둘러싸고도 거의 대립하지 않았다. 국채 상환도 의회가 보증했다.

남해 버블을 겪으며 영국은 잉글랜드은행을 중심으로 재정 제도를 일원화했다. 이처럼 정부, 의회, 중앙은행이 하나가 된 펀딩 시스템(자금 조달 시스템)이 바로 영국의 비결이었다. 영국은 빚이 눈덩이처럼 불어나도 이 시스템 덕분에 전쟁 자금 조달에 성공하며 재정을 유지할 수 있었다.

프랑스는 어떻게 대처했을까? 프랑스는 미시시피 버블이 터졌음에도 재정 개혁에 연거푸 실패했다. 1774년 재무총감으로 임명된 안 로베르 자크 튀르고(Anne Robert Jacques Turgot, Baron de l'Aulne)가 귀족과 성직자의 면세 특권을 제한하는 등의 재정 개혁을 시도했으나 특권층의 거센 반발에 부딪혀 2년 만에 자리에서 물러났다. 뒤이어 재무총감 자리에 오른 부르주아 출신 은행가 자크 네케르(Jacques Necker)의 재정 개선책 역시 번번이 귀족층의 반대로 무산되었다. 네케르는 혁명 이후에도 프랑스 재정 관리를 맡아 아시냐 지폐(Assignat, 국유화된 토지를 담보로 발행한 불환지폐)를 발행해 재정난을 타개하고자 했지만 대규모 인플레이션 사태로 끝나고 말았다.

영국과 프랑스의 엇갈린 명암은 재정 분야에만 한정되지 않고 경제 성장 전반에 영향을 미쳤다.

이 대목에서 중요한 것은 네덜란드의 움직임이었다. 네덜란드는 17세기에 눈부신 경제 성장으로 황금기를 맞이했다. 유럽 제일의 경제 선진 지역으로 도약한 네덜란드는 영국과 반복적으로 전쟁을 치르면서 차츰 유럽의 선두 자리를 내주기 시작했다. 그럼에도 금융, 투자에 있어서는 여전히 암스테르담이 유럽 금융 시장의 중심이었고 전 유럽의 금융 정보가 암스테르담으로 모여들었다.

남해 버블 사건이 터졌을 당시 주가의 이상 폭등의 배경에는 남해회사 주식을 교묘하게 처분한 네덜란드인 투자가들이 있었다. 경험이 풍부한 네덜란드 금융 사업가들에 비하면 영국은 아직 초보 수준이었던 것이다.

실제로 네덜란드의 거대한 자금은 프랑스로도 흘러 들어갔다. 그러나 존 로의 재정 정책이 파탄을 맞이하면서 네덜란드의 자금은 프랑스를 외면해버렸다. 반면 남해 버블 사건이 가라앉은 이후 영국으로 들어가는 네덜란드 자금은 급속히 증가했다. 당시 런던과 암스테르담 사이에는 2주에 한 번씩 우편선이 오갔다. 정보와 금융 측면에서 런던과 암스테르담의 연합은 최강의 조합이었다.

정리해보면, 프랑스는 신용을 잃어 네덜란드 자본 유입마저 끊겼으며 반대로 영국은 버블 대처 능력으로 좋은 평가를 받음으로써 신용 점수가 높아졌다. 일반적으로 알려진 것과 다르게 영국 남해 버블 사건은 영국 경제를 긍정적인 방향으로 이끄는 역할을 했다.

18~19세기에 영국은 어떻게 수많은 전쟁의 최종 승자가 될 수 있었을까?

유럽 국가가 끊임없는 전쟁으로 세월을 보내던 18~19세기의 최종 승자는 영국이었다. 그러나 당시 전쟁의 규모는 상대적으로 크지 않았고 무기 제조에 있어서 크나큰 혁신이 일어난 것도 아니었다. 따라서 '영국 군대의 압도적인 힘 덕분에 승자가 되었다'라고는 말할 수 없다. 예를 들면, 영국 해군은 '강제 징집(press gang)'이라는 상당히 험한 징집 제도를 시행했다. 전쟁이 터지면 승조원을 강제로 징집한 것인데, 쉽게 말해 길에 지나다니는 장정을 붙잡아 배에 태우는 식으로 군인을 보충한 것이다. 이렇게 끌려온 사람 중에는 부랑자가 많이 포함되어 있어 전쟁이 나면 실업자가 줄고 범죄율이 떨어진다는 보고가 있을 정도였다. 변변한 군사훈련도 받지 않고 어느 날 갑자기 군인이 되었으니 숙련도 높고 효율적인 군대가 조직되었을 리 없다.

그런데도 대영제국은 세계를 호령하는 강대국이 되었다. 어떻게 이러한 일이 가능했을까? 유럽의 다른 국가와의 승부에서 결정적인 차이를 만들어낸 것은 다름 아닌 영국의 경제력, 재정 능력이었다. 전쟁에서 승리하기 위해서는 지치지 않고 싸움을 이어가야 했다. 그러므로 군인들에게 식량과 탄약 등의 물자를 꾸준히 보급할 수 있는 재력이 상황을 좌우했다. 재정이 바닥을 드러내면 더는 전쟁을 수행할 수 없었다.

결국 자금 조달에 성공한 나라가 전쟁에서 승리할 수 있었다. 공채를 발행해 전쟁 비용을 조달하고, 자금이 장기적으로 상환되도록 체제를 구축함으로써 경제적 역량을 다진 영국이 유럽 최강국가의 자리를 차지한 것은 당연한 결과였다.

부채 액수가 아니라 빌린 돈을 확실하게 갚을 수 있는지가 가장 중요했다.

VITAL POINT OF HISTORY

9

산업혁명이 시작된 후 오랫동안 인도에 비해 한참 뒤처졌던 영국의 면 산업이 비약적으로 발전할 수 있었던 비결은?

세계사를 바꾼 상품으로
'면'을 빼놓을 수 없는 결정적 이유

세계사에 결정적인 영향을 미쳐 그 흐름을 뒤바꾼 상품을 꼽으라고 한다면 '면'을 빼놓을 수 없다. 면의 역사를 따라 거슬러 올라가면 세계 경제에서 아시아와 유럽 사이의 균형이 어떻게 변화했는지 한눈에 들어오기 때문이다.

면은 기원전 28세기 무렵 인도 서부에서 기원한 것으로 추정된다. 면의 확산 속도는 상당히 느렸는데, 지금으로부터 1,000년쯤 전 목화가 재배된 지역은 동남아시아, 아프리카, 유럽 일부 등 몇몇 지역에 한정되었다.

그중에서도 면을 가장 많이 생산한 곳은 인도였다. 고고학적 조사에 따르면, 인도 면은 기원전 1세기부터 홍해 근방이나 이집트 등지로 운송되었다. 그 후 19세기에 이르기까지 인도는 주요 면 수출 지역이었다.

북아프리카와 인도 서안을 연결하는 무역은 11~12세기에 매우 번창했다. 같은 시기 인도네시아 술라웨시섬에서 인도산 면직물이 발견된 것으로 미루어 추측해보면 이때 이미 인도 면 제품이 인도양 동쪽과 서쪽을 아우르는 광대한 지역에서 유통되었다고 할 수 있다.

15세기 말, 인도 시장에 진출한 유럽 상인의 눈이 휘둥그레진 까닭은?

시대가 흐름에 따라 인도산 면의 유통 범위는 더욱 넓어졌다. 15세기 말, 희망봉을 돌아 인도양에 진출한 유럽 상인은 인도 시장을 마주하고 눈이 휘둥그레질 수밖에 없었다. 인도 시장에서 유통되는 상품 종류와 거래에 참여하는 상인 집단의 규모 면에서 유럽은 상대도 안 되는 수준이었기 때문이다. 인도 시장에서 취급되는 상품은 지리적으로도 유럽보다 훨씬 광대한 지역에서 수집되었기에 구색이 잘 갖추어져 있었고 거래 체계 또한 한층 정밀하고 복잡했다.

당시 가장 유명한 면직물 생산지는 인도의 벵골 지방이었다. 인

〔지도 17〕 **면 재배 전파 경로**

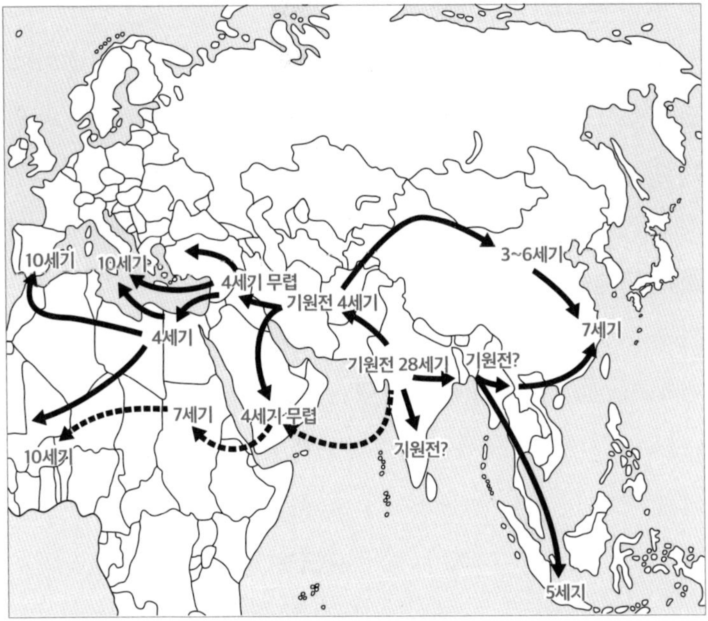

출처: Giorgio Riello, *Cotton: The Fabric that Made the Modern World*, Cambridge University Press, 2013, p. 40

도 동북부에 위치한 벵골에서 생산되는 면포는 저렴한 것에서부터 터번에 사용되는 고품질 모슬린 같은 고급 상품에 이르기까지 그 종류가 스무 종 가까이 되었다. 17세기에 이르러 면직물 무역에 종사하는 상인은 아랍인, 파르시인(인도에 거주하는 조로아스터교 신자), 터키인, 아비시니아인 등으로 더욱 확장되었다. 인도 면직물 업자는 상인들 각각의 다양한 요구에 부응해 상품을 개발하고 판매하는 능력을 갖추고 있었는데 이는 유럽 시장에서는 상상도 할 수 없는 일이었다.

인도 상권이 동남아시아까지 확장한 것 또한 17세기의 일이다. 인도 북서부, 오늘날 파키스탄 국경에 접한 구자라트의 상인은 인도양을 건너 믈라카까지 진출했다. 이후 구자라트 상인과 믈라카의 결속력은 점점 단단해져 구자라트의 '캄바트항과 믈라카는 서로의 존재 없이는 번영할 수 없다'는 말까지 나돌 정도였다. 이 시기 인도에는 그 이전의 세계사에서는 결코 찾아보기 힘든 거대한 경제권이 모습을 드러냈다. 그 규모는 당시 최대 제국이던 중국의 명나라, 청나라와 맞먹을 정도로 거대했다. 유럽 경제는 상대도 되지 않았다.

모직물과 달리 면직물이 세계화에 적합한 이유

인도 무역항 캘리컷(현재의 코지코드)에서 주로 수출되어 '캘리코(Calico)'라고 불린 인도의 평직 면직물은 이미 중세 후기에 유럽으로 전파되었다. 르네상스시대부터 베네치아와 제노바 상인은 레반트(시리아, 레바논 등의 중동 지역) 상인의 중개로 가볍고 부드럽고 포근한 인도 캘리코를 입수하려고 애썼다.

그러나 당시 유럽은 이슬람 세계에서 인도양에 걸쳐 있는 광대한 유라시아 장거리 무역의 한 모퉁이를 차지하는 작은 규모의 시장에 지나지 않았다. 그러므로 유럽에 들어온 캘리코는 인도가 각지로 수출한 면제품의 극히 일부를 차지할 뿐이었다.

유럽 상인이 직접 인도양에 진출하게 된 17세기에 이르러 인도 면은 스페인을 시작으로 차츰 유럽 각 지역에 유입되었다. 그런데 유럽 상인 입장에서는 골치 아픈 문제가 있었다. 바로 그들이 인도에 가져다 팔 수 있는 상품을 좀처럼 확보할 수 없다는 점이었다. 그에 따라 유럽—인도 무역에서 유럽은 줄곧 적자 상황을 면치 못했다. 무역 불균형 문제가 심각해지자 유럽 각국에서는 인도 면 수입을 제한하기 시작했다. 영국이 먼저 인도 면 수입 금지법을 제정했다. 1700년의 일이다. 그러자 네덜란드를 제외한 유럽 국가들도 비슷한 법안을 속속 시행했다.

네덜란드는 인도 면 수입 규제 대열에 합류하지 않고 인도에서 들여온 면제품을 자국 식민지와 아프리카 등지로 재수출했다. 인도 면 수입을 금지한 나라에서도 인도에서 공식적으로 들여오는 것은 금지해도 몰래 들여오는 밀수나 유럽의 다른 국가를 거쳐서 들어오는 것은 막지 못하는 상황이 벌어졌다.

면은 이 시기 유럽에서 새롭게 유행한 '수입품'이었다. 면은 염색이 쉬운 재질인 데다 인도의 세련된 날염 기술로 제작한 다양한 색상의 캘리코가 특히 인기를 끌었다.

면직물은 모직물에 비해 상대적으로 내구성이 떨어졌다. 내구력 있는 모직물은 면직물보다 두 배나 오래갔다. 또 영국에서 18세기까지 셔츠 원료로 가장 수요가 많은 직물은 유럽산 리넨이었다.

슐레지엔(현재의 폴란드, 체코) 등 중유럽에서 발전한 리넨은 선박의 돛과 밧줄 등에도 널리 활용되었는데, 착용감 면에서는 좀 떨어져도 내구력이 좋아 의류로 많이 사용되었다. 또 프랑스와 포르투갈은 리넨을 서아프리카로 보내 아프리카 노예의 옷가지를 만들기도 했다.

그러나 면직물은 모직물이나 리넨과 비교했을 때 선호도와 활용도가 훨씬 높았다. 면직물은 모직물과 달리 자주 세탁할 수 있었고 리넨과 달리 피부에 닿는 감촉이 좋았다. 그래서 더운 지방이든 추운 지방이든 어디에서나 활용할 수 있는, 세계화가 가능한 직물이었다. 인도산 면을 통해 면 소재를 경험한 유럽인은 언제까지나 인도에서 수입해오는 면직물에 의존할 수 없음을 깨닫고 차츰 직접 면제품 제조에 나서기 시작했다.

산업혁명이 시작된 후로도 오랫동안 영국의 면 산업이 인도의 그것에 비해 많이 뒤처져 있었다는데?

"산업혁명으로 영국 섬유산업이 기계화되면서 대량 생산이 가능해졌다. 인도의 전통적인 면직 공업은 기계로 짠 영국제 저렴한 면포에 밀려 큰 타격을 받았다." 세계사 교과서에 등장하는 일반적인 설명이다. 큰 흐름에서 보면 틀린 말은 아니지만, 실상을 들여다보면 교과서에서 설명한 대로 영국 면제품이 인도 면제품을 간단히 제압한 것은 아니었다.

영국 산업혁명은 맨체스터의 면직물 산업으로부터 시작되었다고 알려져 있다. 원래 맨체스터와 그 주변 지역은 16세기 이후 면과 마의 혼방인 퍼스티언(fustian) 생산으로 유명했다. 여기에 맨체스터의 지리적 위치도 중요했다. 맨체스터는 유럽 최대 노예무역 항구 중 하나인 리버풀에서 50여 킬로미터 떨어진 곳에 있었다. 맨체스터의 공업과 리버풀의 무역이 연계되어 발전할 수 있었던 것은 그런 연유에서였다.

그렇지만 맨체스터의 면직물 생산은 1730년대 중반까지는 내수용 소규모 산업에 지나지 않았다. 더구나 맨체스터에서 생산된 면은 품질에 있어서 인도산 면과 경쟁이 되지 않을 정도로 조악한 수준이었다. 18세기가 시작된 이후에도 맨체스터에서는 저렴한 리넨과 면의 혼방 직물이 제작되고 있었다.

그러던 맨체스터의 면 생산이 빠르게 내달리는 성장 궤도에 올랐다. 이는 1750년대의 일인데, 1750년에서 1774년 사이 전체 면 수출의 48~86퍼센트를 맨체스터의 면이 차지했고 주요 수출처는 서아프리카였다. 그러나 당시 맨체스터의 날염 기술은 미숙한 수준이어서 인도산 면처럼 다채로운 색감과 무늬가 들어간 직물은 제조할 수 없었다.

프랑스에서도 면제품 생산이 시작되었다. 유럽의 선발주자인 영국 생산량에 비하면 많이 뒤처졌으나 기술과 품질에 있어서는 오히려 영국에 견줄 만했다. 이 배경에는 인도까지 직접 가서 날염 기술을 배워온 열정 넘치는 프랑스 기술자들이 있었다. 이처럼 유럽 여러 나라에서 인도 면직물에 대항하기 위해 노력했으나 판세를 뒤집을 수 있는 수준으로 좀처럼 올라서지 못했다.

우리가 흔히 알고 있는 것과 달리, 산업혁명이 시작된 이후로도 한동안 영국의 면 산업은 인도를 쉽사리 앞지를 수 없었다. 한편 영국에서는 면 생산에 도움이 되는 새로운 기계가 줄줄이 발명되었다. 1733년 존 케이(John Kay)의 플라잉 셔틀(Flying Shuttle), 1764년 제임스 하그리브스(James Hargreaves)의 제니 방적기(Spinning Jenny), 1769년 리처드 아크라이트 경(Sir Richard Arkwright)의 수력 방적기(Water Frame), 1779년 새뮤얼 크럼프턴(Samuel Crompton)의 뮬 방적기(Spinning Mule), 1785년 에드먼드 카트라이트(Edmund Cartwright)의 역직기(Power Loom) 등이 쏟아져 나왔다.

인도의 면 생산은 여전히 수작업으로 이루어진 반면 영국에서는 공장 제도가 정착해 발전하면서 영국 면직물 생산량은 1770~1790년에 10배로, 그로부터 12년이 흐르는 동안 다시 10배로 증가했다. 그러나 1820년대가 되어서도 영국의 면제품 생산량은 인도의 생산량을 밑돌았다.

영국이 면 생산 체제를 성공적으로 운영할 수 있었던 결정적 비결은?

오랫동안 영국과 인도의 면 산업에 큰 격차가 벌어지게 한 결정적 요소는 무엇이었을까? 그것은 기술 혁신이나 공장 시스템 이외의 부분에 있었다. 즉 영국에서는 원료인 목화가 재배되지 않는 점이었다. 목화 생산 여부야말로 영국이 해결해야 할 핵심 문제였다.

영국을 비롯한 북유럽의 한랭한 기후는 목화가 자라기에 절망적인 환경이었다. 따라서 유럽 외부에서 목화를 재배해 들여오는 것 말고는 다른 수가 없었다.

영국은 글로벌 생산 체제를 구축했는데, 이때 본보기가 된 것은 설탕무역이었다.

대서양무역은 기본적으로 서아프리카에서 신세계로 노예를 공급하고 이 노예를 활용해 신세계에서 사탕수수(설탕)를 생산하는 체제로 이루어졌다. 포르투갈은 브라질에서, 네덜란드는 카리브해 식민지에서, 영국은 서인도제도에서, 프랑스는 아이티에서 플랜테이션 방식으로 설탕을 생산해 암스테르담과 함부르크, 보르도 등의 항구로 들여왔다.

영국은 이 방식을 면 생산에 응용한 유일한 유럽 국가였다. 서인도제도와 북아메리카 식민지 남부에서 노예가 재배한 목화를 본국으로 가져와 가공해서 면직물을 생산하는 체제를 확립했다.

〔표 4〕 **면 생산 시스템의 세대교체**

	과거의 면 생산 시스템	새로운 면 생산 시스템
	1000~1750년 무렵	1750~2000년 무렵
제조 중심	인도	북서유럽
교환	장거리였으나 단편적 해양 기반	장거리로 국제적 대서양과 태평양 포괄
경쟁	수입 대체 지역 산업을 고사시키지 않았다	수입 쇠퇴 지역 산업을 고사시켰다
제품	맞춤 제작 상품	표준화와 패션
자원	대부분 지역에서 생산	다른 나라에서 수입

출처: Giorgio Riello, *Cotton: The Fabric that Made the Modern World*, Cambridge University Press, 2013

어째서 영국만 이러한 면 생산 체제를 성공적으로 운영할 수 있었을까? 그 답은 간단하다. 영국이 세계 최대 해양제국이었기 때문에 가능한 일이었다. 영국은 아프리카에서 신대륙으로 노예를 수송하고, 신대륙에서 목화를 싣고 와 본국에서 제품을 만들고, 그것을 아시아 시장에 내다 팔았다. 이 과정에서 영국은 자신의 배와 자신이 지배하는 항구를 이용할 수 있었다. 생산과 운송, 나아가 해상보험까지 모두 자국에서 충당할 수 있는 나라가 바로 영국이었다.

덧붙여 말하면, 17세기부터 인도에 진출해 영향력을 확대한 영국은 인도의 면직물 생산 수준이 얼마나 뛰어난지 잘 알고 있었다. 영국이 기계화와 공장 생산에 힘을 기울인 데에도 합당한 이유가 있었다. 이는 단순히 유럽의 발전된 과학기술의 혜택을 받기 위해서가 아니었다. 그보다는 생산 비용이 계속 상승하는 현실적인 문제에 직면했기 때문이었다. 인도에 비해 상대적으로 인구가 적은 유럽에서는 임금, 즉 생산 비용이 자연히 올라갈 수밖에 없었다. 따라서 인도의 면 산업에 대항하기 위해서는 기계화로 효율성을 극대화하는 조치가 반드시 필요했다.

결국 영국은 공장에서 면직물을 생산해내는 데 성공했고 이로써 세계 최초 산업 국가로 거듭났다. 과거에는 영국이 인도산 캘리코 수입국이었다면 19세기에는 인도가 영국산 면 수입국으로 상황이 역전되었다. 1820년에 인도가 수입한 영국산 면은 1,100만 야드였으나 1840년에는 1억 4,500만 야드로 급증했다.

이러한 대역전의 배경에는 최신 과학기술과 더불어 새롭게 만들어낸 국제 통상 시스템이 자리하고 있음을 거듭 강조하고 싶다. 대영제국의 힘은 강력한 통상 시스템과 산업력의 결합에서 나왔다는 것을 잊지 말아야 한다.

VITAL POINT OF HISTORY

10

'중립국'은 전쟁을 반대하는 국가가 아니라 전쟁에서 이익을 극대화하려는 국가다?

근세 유럽이 끊임없이 서로 전쟁을 벌이면서도 경제 성장을 이룰 수 있었던 비결

근세와 근대 유럽을 대표하는 두 가지 특징을 꼽으라면 '전쟁'과 '대외무역'을 들 수 있다. 그런데 곰곰이 생각해보자. 이 두 가지가 과연 양립할 수 있는 개념일까? 현실적으로는 불가능하다. 왜냐하면 전쟁을 벌이는 나라끼리는 서로 무역을 할 수 없을 뿐 아니라 상대국이 제삼국과 무역하는 일도 적극적으로 방해하려 들 것이기 때문이다. 실제로 이런 유형의 역사적 사례가 있다. 그 예를 잠깐 살펴보자. 1581년 네덜란드가 스페인으로부터 독립을 선언하자 스페인은 네덜란드와의 무역을 금지하고 네덜란드 선박 나포를 명령했다. 또 17세기에 영국—네덜란드전쟁이 벌어지자 영국은 네덜란드에 대해 항구를 봉쇄하고 네덜란드 선박을 나포

하는 등의 극단적 조치를 취했다.

그런데 실제로 유럽은 거의 쉬지 않고 전쟁을 되풀이하면서 동시에 해외에서 대량의 물품(설탕, 커피, 차 등)을 수입하며 경제 성장을 이룩했다. 이런 모순적인 상황이 어떻게 가능했을까? 그 비결은 '중립국', '중립도시'의 존재에 있었다.

영국과 프랑스의 전쟁이 진행되고 있다고 가정해보자. 이럴 때 영국 배로 프랑스에 상품을 수출하는 길은 무척 험난했다. 전시에는 교전국의 상선이 나포될 확률이 높기 때문이다. 그렇지만 영국은 프랑스로 상품을 운송할 수 있었다. 중립국 선박을 활용하기만 하면 아무 문제가 없었기 때문이다. 혹은 영국 배라도 중립국 국기를 내걸면 중립국 배로 대우받을 수 있었다.

또 전쟁으로 안트베르펜 같은 상업 중심도시가 점령되는 사태가 종종 일어났으나 그때에도 교역은 멈추지 않았다. 안트베르펜 상인과 정박 중이던 선박이 전쟁을 피해 다른 도시로 이동해서 장사를 계속했기 때문이다.

과거 역사 연구는 주로 스페인이나 네덜란드라는 하나의 나라, 또는 안트베르펜이나 제노바라는 하나의 도시를 대상으로 삼곤 했다. 이런 경우 '프랑스혁명과 그 뒤로 이어진 혁명전쟁으로 프랑스의 무역은 크게 쇠퇴했다'라는 식의 결론에 이르게 된다. 그러나 유럽 전체를 개괄하는 시각으로 보면 무역이 전혀 쇠퇴하지 않았음을 알 수 있다. 그래서 최근 서양사 연구에서는 프랑스 상인이 다른 나라, 다른 도시로 옮겨가서 활동하고 프랑스 항구가 안전해지면 돌아왔다는 식의 관점을 폭넓게 받아들이고 있다.

유럽사에서 '중립'의 개념이 등장한 것은 17세기 초의 일이다. 중립국이나 중립도시, 또는 대체 항구를 이용한 무역은 아시아 등 다른 지역에서는 찾아볼 수 없는 근세 유럽의 특징이라고 할 수 있다. 이 부분에 초점을 맞추면 '전쟁을 하며 경제 성장을 이룬' 근세 유럽사의 기묘한 성격을 파악할 수 있다.

함부르크에 온갖 민족, 온갖 종교의 사람들이 몰려든 이유는?

먼저 대표적인 중립도시로 1618년부터 1868년까지 장기간 중립을 유지한 함부르크를 살펴보자. 엘베강 하구에 자리 잡은 함부르크는 본래 뤼베크, 브레멘 등과 어깨를 나란히 하는 한자동맹 중심도시로 발전했다. 함부르크는 바다에 접한 도시는 아니지만 현재 국제해양법재판소가 설치되어 있는 것에서 항만 도시로서의 역사를 엿볼 수 있다.

함부르크의 번영을 이끈 몇몇 이유 가운데 외국인에게 관용적인 정책을 들 수 있다. 국제 상업 도시로 발전하기 위해서는 지역, 종교 등에 구애받지 않고 다양한 사람들이 뒤섞여 상거래에 종사할 수 있는 요건을 갖추어야 한다. 이 점에서 가장 앞선 도시는 암스테르담이었다. 16세기 말부터 시작해 17세기에 이르는 기간에 유럽 최대 상업 도시로 성장했을 뿐 아니라 전성기를 맞이한 암스테르담에는 유대교 회당인 시너고그까지 건설될 정도로 다양한 문화가 꽃을 피웠다.

함부르크에는 영국인, 스페인령 네덜란드인, 이베리아반도에서 '세파르디(Sephardi)'라 부르는 유대인 등 다양한 배경을 지닌 상인들이 몰려와 교역에 종사했다. 이는 함부르크가 종교개혁 이후 루터파에 속했으나 영국 등과 여러 분야에서 공고한 결속력을 유지했기 때문에 가능한 일이었다. 16~17세기 함부르크 주민 명부에는 포르투갈계, 스페인계 이름이 등장했으며, 포르투갈인 중매업자 비율만 놓고 보면 암스테르담을 웃돌 정도였다.

중립 정책 또한 함부르크의 강점이었다. 1586년부터 1648년까지, 네덜란드는 스페인으로부터 독립하기 위해 전쟁을 치르고 있었다. 흔히 '80년 전쟁'으로 일컬어지는 이 독립전쟁으로 인해 당시 유럽 최강의 상업국 네덜란드는 1621년부터 1640년대 중반까지 포르투갈과 스페인, 그리고 그들의 식민지와는 무역을 할 수 없었다.

네덜란드가 전쟁에 휩싸여 있던 그 시기에 함부르크는 이베리아반도와 신대륙 무역의 거점 도시로 자리매김했다. 특히 브라질의 설탕, 다이아몬드, 인디고와 코치닐 같은 염료 그리고 은 등 식민지에서 가져온 물건의 유통 및 분배 중심지로서 암스테르담과 비슷한 수준으로 올라섰다.

또 '작은 런던(Little London)'이라는 별명이 붙을 정도로 런던과 긴밀한 관계를 유지한 함부르크는 17세기 후반 영국과 네덜란드가 전쟁을 시작하자 18세기에는 암스테르담을 대신해 런던의 주요 무역 상대 항구로 거듭났다. 어떤 의미에서 영국은 함부르크가 가진 무역 네트워크를 영국 내부로 편입함으로써 해상 제국의 판세를 확장시켰다고 볼 수 있다.

이처럼 전쟁이 끊이지 않던 시대에 중립도시 함부르크는 일종의 안전장치 기능을 맡아 유럽에서도 손꼽히는 코즈모폴리턴 상업 도시로 발전하게 되었다.

18세기 중반~19세 초반, 전 유럽을 통틀어 가장 역동적인 도시였던 함부르크

18세기 중반부터 무역고(貿易高)를 크게 늘린 함부르크는 프랑스혁명과 이어진 나폴레옹전쟁을 발판 삼아 한 단계 더 도약했다.

프랑스혁명군이 네덜란드를 점령하자 암스테르담의 무역과 금융시장은 큰 타격을 입었다. 1795년의 일인데, 이로써 암스테르담을 대체하는 항구로 함부르크가 떠올랐다.

프랑스혁명이 함부르크 무역에 미친 영향을 들여다보면 참으로 흥미롭다. 혁명 직전 함부르크에서 프랑스로 향하는 선박 수가 눈에 띄게 증가하다가 혁명을 계기로 큰 폭으로 감소했다. 반면 그 시기에 함부르크에서 영국으로 향하는 선박 수가 증가했다. 또 영국에서 유럽 대륙으로 향하는 선박의 국적을 분석하면 함부르크 선박이 가장 많았다.

프랑스혁명 이후 유럽 각국은 반혁명 동맹을 결성하고 프랑스 혁명 정부를 공격했다. 그런데 프랑스에서 반정이 이루어지며 반대로 유럽 국가들이 많은 영토를 상실하게 되었다. 이렇게 판세를 뒤집은 주인공은 나폴레옹 보나파르트(Napoleon Bonaparte)였다.

나폴레옹에 맞서, 프랑스에 대항하는 국가들의 중심에서 싸운 나라가 영국이었다.

나폴레옹은 베를린을 점령하고 같은 해에 영국과의 통상을 금지하는 대륙봉쇄령을 선포했다. 이는 1806년의 일이다. 나폴레옹의 지배하에 들어간 유럽 각국은 이러한 경제 전쟁 선포를 따를 수밖에 없었다. 그리고 1810년 나폴레옹은 드디어 함부르크까지 점령했다.

도시가 나폴레옹의 손아귀에 들어가자 많은 함부르크 상인이 중립국 스웨덴의 무역도시 예테보리로 향함으로써 이곳에 상업 열풍이 밀어닥쳤다. 스웨덴 역사가 레오스 뮐러(Leos Müller)는 1807~1815년을 예테보리의 '빛나는 세월'이라고 했다.

그러나 1815년 워털루 전투에서 나폴레옹이 패배한 것과 동시

프랑스에서 반정이 이루어지며
반대로 유럽 국가들이 많은 영토를
상실하게 되었다. 이렇게 판세를 뒤집은
주인공은 나폴레옹 보나파르트였다.

에 예테보리는 국제 무역항으로서의 소명을 다하고 말았다. 함부르크는 화려하게 부활했다. 라틴아메리카와의 무역액에 있어 세계 2위 자리를 차지했으며 신세계로 향하는 이민자가 출항하는 항구 역할을 도맡았다. 함부르크는 19세기 글로벌리제이션에 무척 현명하게 적응한 셈이었다.

나폴레옹이 유럽 경제를 통제하고자 안간힘을 쓰는 한편에서 국제 무역 상인은 필사적으로 자기 네트워크를 유지하려고 애썼다. 영국과의 무역은 어느 나라에서나 필요했기에 아무리 나폴레옹이 대륙봉쇄령으로 유럽 각국과 영국 간 무역을 금지한다 해도 현실적으로는 완벽히 빗장을 걸어 잠글 수 없었으며 밀무역이 성행했다고 짐작할 수 있다. 나폴레옹전쟁과 대륙봉쇄령에도 불구하고 유럽의 상업 활동이 멈추지 않았던 건 국제 무역 상인의 '보이지 않는 네트워크'가 존재했기 때문이었다.

프랑스혁명과 나폴레옹전쟁의 최대 수혜국은?

나폴레옹전쟁 덕분에 큰 이익을 챙긴 '중립국'이 있었다. 바로 갓 독립한 신생국 미합중국이었다. 미국은 1775년 독립전쟁을 시작해 이듬해인 1776년 독립을 선언했다. 그리고 1783년 파리조약으로 미국의 독립이 국제적으로 승인되었다.

독립의 기쁨은 미국 경제가 마주한 현실 앞에서 금세 사그라들었다. 식민지였을 때 미국은 영국법, 영국군, 영국 상업 네트워크가 보호하는 환경에서 상업 활동을 전개했다. 그러나 독립과 동시에 영국의 모든 보호막이 사라진 데다 전쟁 상황이 맞물리며 무역 등의 분야에서 경기 침체 조짐이 나타나기 시작했다.

이러한 때 서부 개척 움직임이 활발히 일어나면서 침체의 늪에 빠진 미국을 구원하고 발전의 기반을 다졌다고 흔히 평가된다. 그런데 이에 더해 또 다른 측면, 즉 해운업이 맡은 역할이야말로 주목할 가치가 있다.

영국 식민지 시절부터 미국에서는 조선업이 발전했다. 미국이라는 나라가 천혜의 환경을 지닌 축복받은 자원 부국이기에 가능한 일이었다. 특히 서유럽 국가에서는 선박 재료인 목재가 부족해 발트해 연안에서 수입해야 했지만 국내 삼림 자원이 풍부한 미국에서는 전혀 문제될 일이 아니었다.

이런 신생국 미국에게 프랑스혁명과 나폴레옹전쟁은 발전의 길로 나아가도록 밀어주는 순풍과도 같았다.

프랑스는 미국이 영국을 상대로 독립전쟁을 치를 때 미국을 지원해준 동맹국이었다. 이런 과거에 근거해 프랑스 혁명정부는 미국에 외교관을 파견해 영국 선박의 나포 등에 나설 것을 촉구했다. 그러자 미국 초대 대통령 조지 워싱턴(George Washington, 재임 1789~1797)은 중립 정책을 추진하고 1794년 영국과 우호 통상 항해를 내용으로 하는 제이 조약(Jay's Treaty)을 체결했다. 이렇게 함으로써 프랑스혁명 이후 전쟁의 시대에도 미국은 영국, 프랑스 양국과 무역을 지속할 수 있었다. 이때 미국의 해운업이 크게 성장하면서 뉴욕, 필라델피아, 보스턴, 볼티모어 등 동부 해안 항구도시의 발전을 이끌었다.

당시 미국과 유럽 대륙 간 교역 상황을 한눈에 파악하게 해주는 지표는 미국에서 프랑스 남서부 항구도시 보르도로 향한 선박 수다. 와인 산지로 유명한 보르도는 18세기에 대서양무역, 특히 신대륙에서 생산된 설탕을 들여오는 무역도시로 활기를 띠었다.

〈지도 18〉, 〈지도 19〉는 1791년과 1795~1815년에 미국에서 보르도로 향한 선박의 해상 경로를 보여준다.

1791년에 미국 선박은 주로 미국 동부 해안과 보르도 사이를 오가기만 했다. 그러나 1795~1815년에는 미국 선박 수가 급격히 증가했을 뿐 아니라(1795년에 351척으로 최고 많았다) 운항 경로도 한층 복잡해졌다. 미국 배는 서인도제도에서 설탕 등의 상품을 싣고 유럽 대륙의 여러 항구로 운송했다. 또 남미 최남단 혼곶까지 가서 태평양을 가로지르고 희망봉을 돌아 지중해와 발트해로 향하는 대여정을 소화하기도 했다.

프랑스혁명과 나폴레옹전쟁이 한창이던 때 유럽 경제는 중립을 표방한 미국 선박이 없었더라면 필요한 물자와 자원을 확보할 수 없었다. 나아가 미국 선박은 대서양과 유럽의 결합에도 크게

〔지도 18〕 1791년 보르도에 도착한 미국 선박의 경로

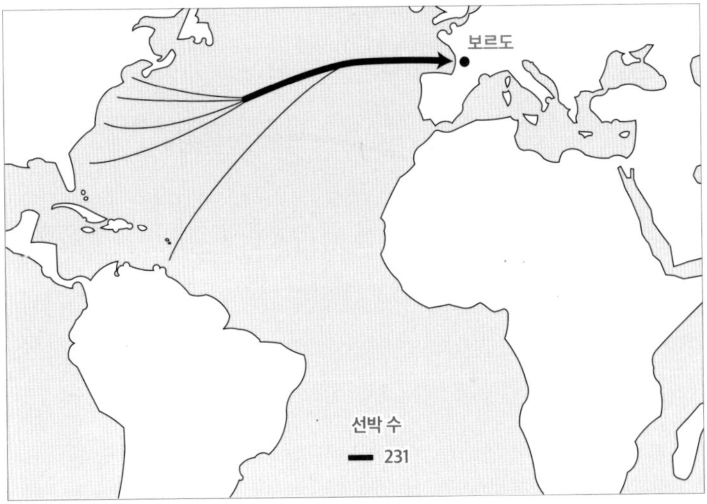

출처: Archives départementales de la Gironde Bordeaux, France, 6B 281. (Silvia Marzagalli, "American Shipping and Trade in Warfare, or the Benefits of European Conflicts for Neutral Merchants: The Experience of the Revolutionary and Napoleonic Wars, 1793-1815", 『교토산업대학 경제학 리뷰(京都産業大学経済学レビュー)』 창간호, 2014년, p. 16)

이바지했다.

미국이 '중립'을 표방한 진짜 이유

'중립 경제'라는 관점에서 보면 미국의 전통적인 외교 정책으로 알려진 '먼로주의(Monroe Doctrine)'도 다르게 파악할 수 있다.

〔지도 19〕 **1795~1815년 보르도에 도착한 미국 선박의 경로**

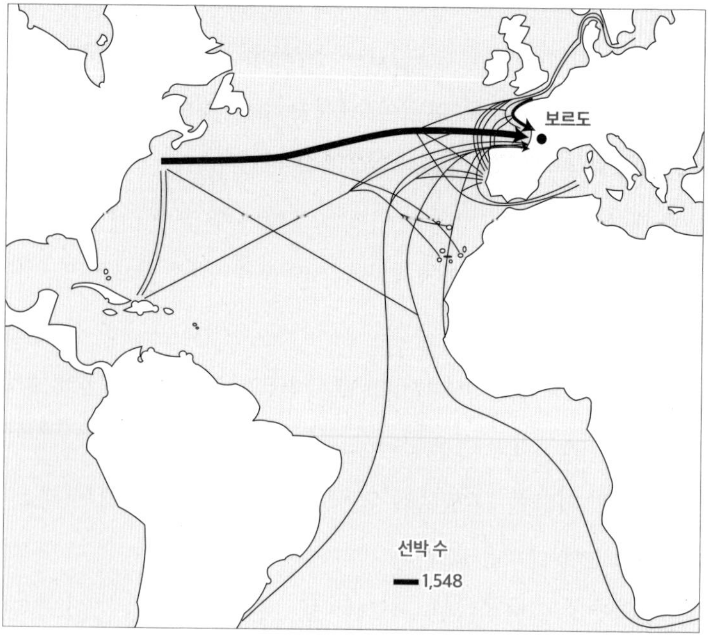

출처: Archives départementales de la Gironde Bordeaux, France, 6B 281. (Silvia Marzagalli, "American Shipping and Trade in Warfare, or the Benefits of European Conflicts for Neutral Merchants: The Experience of the Revolutionary and Napoleonic Wars, 1793-1815", 『교토산업대학 경제학 리뷰(京都産業大学経済学レビュー)』 창간호, 2014년, p. 16)

1823년 12월 미국의 제5대 대통령 제임스 먼로(James Monroe, 재임 1817~1825)가 남북 아메리카 대륙은 유럽 각국의 간섭을 받지 않으며 유럽 국가 간 전쟁에서 중립을 유지한다는 외교 방침을 제창했다. 이것이 바로 '먼로주의'로, 이는 흔히 미국의 독립주의 외교 선언으로 여겨졌다.

그런데 먼로주의를 단순히 외교 정책으로만 이해해서는 안 된다. 그 배경에는 경제 정책 측면이 깔려 있었다. 당시 미국은 아르헨티나, 칠레, 페루, 콜롬비아, 멕시코 같은 라틴아메리카 국가와 최혜국 대우로 통화 조약 체결을 추진하고 있었다. 이들을 연결지어 생각해보면 먼로주의는 남북 아메리카에서 미국의 해운업 보호 정책을 표방한 외교 정책이었음을 알 수 있다. 18세기 말, 미국은 영국의 뒤를 이어 세계 2위 선박 수를 자랑하는 해운 강국으로 거듭났다. '중립'을 표방한 것에도 미국의 상업권을 보호하고 확립하려는 의도가 담겨 있었다고 추정할 수 있다.

미국의 이른바 '노예 해방'도 국제무역의 관점에서 보면 새로운 모습이 눈에 들어온다.

남북전쟁이 한창이던 1862년 9월, 제16대 대통령 에이브러햄 링컨(Abraham Lincoln, 재임 1861~1865)이 '노예 해방 선언'을 낭독했다. 그러자 노예를 부려 목화를 재배하던 미국 남부 주에서 거센 비판이 일었고 미국 목화 무역의 최대 고객인 영국의 견제가 시작되었다.

그러나 여기서 당시 세계 제2위 해운 강국 미국이 스페인령 쿠바 등에서 생산된 설탕 무역을 관장하고 있었음을 떠올려야 한다. 스페인령 쿠바는 1840년대부터 세계 최대 설탕 생산지로 명성을 떨쳤는데, 이 일에 종사하던 노동자들은 미국에서 보낸 노예

1862년 7월 22일, 링컨 대통령은 각료들에게 '노예 해방 선언'의 초안을 낭독해 보였다.

남북전쟁이 한창이던 1862년 9월,
제16대 대통령 에이브러햄 링컨이
'노예 해방 선언'을 낭독했다.
그러자 노예를 부려 목화를 재배하던
미국 남부 주에서 거센 비판이 일었고
미국 목화 무역의 최대 고객인
영국의 견제가 시작되었다.

로 채워져 있었다. 스페인령 쿠바에서 노예제는 1886년까지 유지되었다. 말하자면 미국의 노예 해방 선언은 어디까지나 미국 내에서 노예를 부리지 않겠다는 선언이었으며 미국 밖에서 노예가 생산한 상품을 운송하지 않겠다는 말은 아니었다. 또한 노예 제도를 반대하던 주의 선박이 쿠바산 설탕을 운송하는 주체였다.

'중립국'은 전쟁을 반대하는 것이 아니라 전쟁에서 이익을 챙기려는 국가다?

일반적으로 '중립국=평화를 사랑하는 나라'라는 이미지가 있다. 그렇지만 '중립 정책 채택'이 전쟁을 반대한다는 것은 아니다. 오히려 전쟁으로 이익을 챙길 수 있다는 의미가 될 수 있다. 교전국에게 중립국의 존재는 매우 중요하다. 중립국을 활용해 무역을 지속하고 국민에게 필요한 물자를 공급할 수 있기 때문이다.

역사학에서는 근세 이후 아시아 경제는 정체된 데 비해 유럽은 어떻게 눈부신 경제 성장을 달성했느냐는 논점을 두고 갑론을박 논쟁이 이어져왔다. 그 해답 중 하나로 '유럽 각국은 중립도시와 중립국을 이용해 무역을 지속함으로써 전쟁의 영향을 최소한으로 저지할 수 있었다'는 주장을 들 수 있다.

또 종교전쟁을 계기로 유럽 국가에서는 신봉하는 종교가 다른 사람을 배제하는 움직임이 있었다. 예를 들어 가톨릭 국가에서는 프로테스탄트 상인과 유대 상인을 배척해 이들이 대거 이동할 수밖에 없었다. 그런데 이런 이동 덕분에 유럽 상인 네트워크가 확장될 수 있었다. 상인들은 전쟁이 벌어지면 친구와 지인을 버팀목 삼아 다른 도시로 가서 상업 활동에 종사했다. 내가 보기에 이는 작은 지역에 옹기종기 모여 살던 유럽이라는 지역의 특수성에서 비롯되었다고 본다. 즉 유럽에는 이동 가능한 범위에 몇몇 상업 거점이 있으며 이질적인 사람들이 각자 독립해서 생활했다. 이는 중국이나 이슬람 대제국에는 없는 환경이었다. 그래서 전쟁으로 하나의 거점이 사라지더라도 다른 거점과 거점이 이어지며 전체 상업 네트워크가 망가지지 않고 유지되었다.

VITAL POINT OF HISTORY

11

19세기에 범선을 몰아내고 유럽 각국의 주요 운송 수단이 된 증기선은 어쩌다 제국주의의 첨병이 되었나?

19세기 유럽 각국이 산업화로
엄청난 경제 성장을 이루었음에도
신대륙 아메리카로 떠나는 사람이 점점 더 많아진 까닭은?

이탈리아 제노바에서 머나먼 나라 아르헨티나의 수도 부에노스아이레스로 돈을 벌기 위해 떠난 엄마. 안타깝게도 일 년도 지나지 않아 엄마에게서 소식이 끊어졌다. 열세 살 소년 마르코는 반드시 자기 힘으로 엄마를 찾겠다며 삼만 리 장대한 여행길에 나섰다.

이것이 바로 유명한 TV 애니메이션 〈엄마 찾아 삼만 리〉의 시작이다. 제노바에서 증기선에 몸을 실은 마르코는 장장 27일간의 장거리 항해 끝에 부에노스아이레스에 도착했다. 이후 그는 온갖 고난과 역경을 이겨내며 마침내 엄마를 찾는 일에 성공하는

데……. 이 애니메이션은 방영되는 동안 수많은 이의 눈물샘을 자극했다.

그런데 여기서 한 가지 의문이 생긴다. '왜 마르코의 엄마는 이탈리아에서 일자리를 찾지 않고 굳이 이역만리 남미 대륙 아르헨티나까지 가야 했을까?

〈엄마 찾아 삼만 리〉의 원작은 이탈리아 작가 에드몬도 데 아미치스(Edmondo De Amicis)의 동화 『쿠오레(Cuore)』에 실린 단편 '아펜니노산맥에서 안데스산맥까지'다. 이 책은 1886년에 출간되었는데, 당시는 바야흐로 '이민의 시대'였다.

19세기 유럽 각국은 산업화로 괄목할 만한 경제 성장을 거두었으나 양지가 있으면 반드시 음지가 있는 법, 경제 성장의 혜택을 누리지 못하는 지역과 사람이 많았다. 인구 밀도가 높은 유럽에서는 노동자가 넘쳐났기에 임금이 거의 오르지 않고 있었다. 반면 인구 밀도가 낮은 신대륙에서는 상대적으로 임금 상승 여력이 있었다. 그런 터라 유럽에서 신대륙 아메리카로 이주하는 사람 수가 많아진 것은 당연한 일이었다.

대다수 유럽 이민자의 목적지는 미국이었다. 그리고 그중 일부는 남미 대륙의 주요 국가인 브라질과 아르헨티나로 눈길을 돌렸다. 이 또한 상대적으로 높은 임금 때문이었다.

힘든 여정 끝에 부에노스아이레스에 도착한 마르코는 어머니가 가사 일을 돕던 집을 따라 아르헨티나 중북부 코르도바로 이사했음을 알게 된다. 그러므로 마르코는 부에노스아이레스에서 코르도바까지 장장 700킬로미터에 이르는 장대한 여행길에 오르게 된다. 이때 마르코에게 어머니의 소식을 전해준 어느 신사가 이렇게 말했다.

> "얘야, 너 이탈리아에서 왔지? 이 편지를 들고 보카로 가거라. 보카는 여기서 두 시간쯤 걸리는 작은 마을인데, 마을 사람 대다수가 제노바 사람이란다."(에드몬도 데 아미치스, 『쿠오레』 중에서)

항구마을 보카에 도착한 마르코는 '수천 척 증기선과 엄청난 수의 승객과 짐을 부리는 배'를 보게 된다. 그 배들은 마르코의 고향 제노바에서 온 뱃사람들이 운항했다.

코르도바를 향해 가던 중 로사리오에서 무일푼이 된 마르코는 배에서 알게 된 이탈리아 북부 롬바르디아 출신 아저씨에게 잠자리를 소개받는다. 그 여관 이름은 '이탈리아의 별'인데, 그곳에는 이탈리아에서 이민 온 사람이 넘쳐나 알음알음 마르코를 도와준다. 그들은 '고향 사람 좋다는 게 뭐냐'라며 십시일반 돈을 모아 마르코의 여비를 마련해준다.

그들은 유럽 본국보다 높은 임금에 매력을 느껴 불에 뛰어드는 부나방처럼 신대륙으로 건너온 날품팔이 노동자였다. 이러한 대규모 인구 이동은 증기선의 발달 없이는 불가능한 일이었다.

범선을 압도하는 증기선의 가장 큰 장점은?

범선의 시대에서 증기선의 시대로 넘어가면서 그야말로 세상은 천지개벽했다. 증기선은 이 세상에 어떤 획기적인 변화를 가져왔을까?

사실 효율성만 놓고 보면 범선보다 증기선이 더 낫다고 단언할 수 없다. 예를 들어 대량의 화물을 운송한다면 대형화가 가능한 증기선이 효율적이다. 그러나 소량의 값비싼 상품을 단거리 운송한다면 항해에 적합한 바람이 부는 지역, 계절일 경우 범선이 훨씬 저렴한 비용으로 운송할 수 있어 합리적이다.

증기선이 범선보다 언제나 속도가 빠르다고 말하기도 어렵다. 바람의 방향에 따라 범선의 속도가 더 빠를 때도 있다.

그렇다면 증기선은 최고 강점은 무엇일까? 바로 항해의 확실성이다.

두말할 나위 없이 범선은 진행 방향으로 바람이 불어주지 않으면 앞으로 나아갈 수가 없다. 날씨에 따라 항해 시간도 크게 달라진다. 같은 항로를 따라 운항하더라도 당일치기가 가능한 시기가 있고 열흘이 걸릴 때도 있다. 이 불확실성이 범선의 세계를 지배했다.

그래서 한번 늦어지면 줄줄이 연쇄 반응이 일어나 늦어질 위험성이 있었다. 예를 들어보자. 선박 A는 10월 1일에 어느 항구에 도착할 예정이었다. 그리고 그 항구에서 이틀 후에 출항하는 선박 B에 화물을 옮겨 실을 계획이며, 선박 B는 10월 10일에 항구 C에 그 화물을 배달하기로 했다.

그런데 날씨 상태가 안 좋아지며 선박 A가 예정보다 지체되어 10월 5일에 겨우 항구에 도착했다. 당연히 선박 B는 일정대로 이미 출항했으니 항구 C로 향하는 다음 선박 D를 기다리며 일주일을 공칠 수밖에 없었다.

목적지가 멀어질수록 화물을 옮겨 싣는 횟수가 많아진다. 그러면 일정이 지연될 위험성이 더 커지기 때문에 예정된 날에 화물이 배달된다는 것을 확신할 수 없었다. 이것이 범선 시대의 물류 상황이었다.

증기선 시대에 들어서자 이러한 불확실성이 극적으로 줄어들었다. 항해가 바람 방향에 크게 좌우되지 않음으로써 항해에 걸리는 시간을 계산해 더 정확한 일정을 세울 수 있었다. 상인들에게는 이 정확성이 매우 중요했다.

증기선이 보급되며 새로운 시대가 열렸다. 선박의 크기는 필연적으로 거대해졌다. 즉 선박의 대형화가 이루어졌는데, 증기선의 엔진 공간이 전체 선박의 3분의 1을 차지했기에 어쩔 수 없는 일이었다. 더구나 엔진뿐 아니라 연료인 석탄을 보관할 공간도 필요했다. 엔진과 석탄을 위한 충분한 공간을 갖춘 대형 선박이 아니면 효율적인 운항이 불가능했던 것이다.

제국주의의 주요 운송 수단이 돼버린 증기선

증기선이 보급되자 항구의 모습은 완전히 달라졌다. 범선 시대에 항구는 닻을 내리고 필요한 물자를 보급할 수 있는 기항 지점 역할을 할 수 있기만 하면 되었다. 그래서 해안에 흩어져 있는 작은 항구마을을 따라 항해하는 게 일반적인 항로였다. 그러나 증기선은 한번 실을 수 있는 석탄량에 한계가 있었다. 욕심내서 석탄을 너무 많이 실었다가 배가 무거워지면 오히려 효율이 나지 않았다. 그래서 항구에는 석탄을 보관할 기지가 필요하게 되었다. 또 증기선의 큰 덩치에 맞추어 항구 규모도 커져야 했기에 항만 도시 자체가 거대해질 수밖에 없었다. 규모가 커짐에 따라 항만 시설 건설 비용이 불어났고 인프라 구축을 위해 많은 투자가 요구되자 상인들이 감당할 수준을 넘어서버렸다. 즉 국가가 개입해야 했다.

근세 포르투갈과 네덜란드에서 교역의 주인공은 국가가 아닌 상인들이었다. 그런데 영국에서는 상업 활동에 국가가 깊숙이 관여했다.

증기선이 전 세계에서 활약하게 된 19세기 후반은 제국주의 시대였다. 따라서 항구 건설은 제국의 운명을 건 중대 사업이었으며, 세계 곳곳에 식민지를 개척한 영국은 전 세계 항로, 주요 항구를 장악하는 데 성공했다.

한편 기존의 국제 무역은 각 지역에서 강점이 있는 토박이 상인들이 릴레이경기를 벌이는 방식으로 상품을 전달함으로써 성립되었다. 그러나 증기선이 보급되면서 이러한 분위기가 완전히 바뀌었다. 즉 인도 항구에서 영국 배에 화물을 실으면 그대로 한번에 영국까지 운송할 수 있었다. 이는 곧 운송 인프라를 독점할 수 있다는 의미다. 교역에서는 운송을 장악하는 것이 가장 중요하다. 운송 인프라를 장악하면 가격을 교섭하고 상업 규칙을 설정할 때 유리한 위치를 점유할 수 있었다.

증기선이 세계를 하나로 만들었다

증기선의 시대가 시작되면서 비로소 세계는 진정한 의미에서 하나가 되었다. 이를 단적으로 보여주는 좋은 예가 바로 항로의 확대다.

〈지도 20〉은 19세기 중반 영국 선박회사 P&O(Peninsular and Oriental Steam Navigation Company)가 운항한 우편선 항로다. 지도를 보면 P&O가 중국까지 진출했음을 알 수 있다. 영국 증기선은 실론섬(스리랑카)을 거쳐 오스트레일리아 시드니까지 정기선을 운항했고 이어서 중국으로도 진출했다. 이 항로를 따라 우편물뿐 아니라 승객과 상품도 이동했으니, 세계 여러 지역이 영국 증기선의 정기 항로로 연결되면서 세계는 하나가 된 것이다.

영국 사우샘프턴과 인도 캘커타(현재 콜카타)를 오가던
P&O의 정기선 SS 힌두스탄호.

영국 증기선은 실론섬을 거쳐
오스트레일리아 시드니까지
정기선을 운항했고
이어서 중국으로도 진출했다.

〔지도 20〕 19세기 중반 오스트레일리아로 가는 우편선 항로

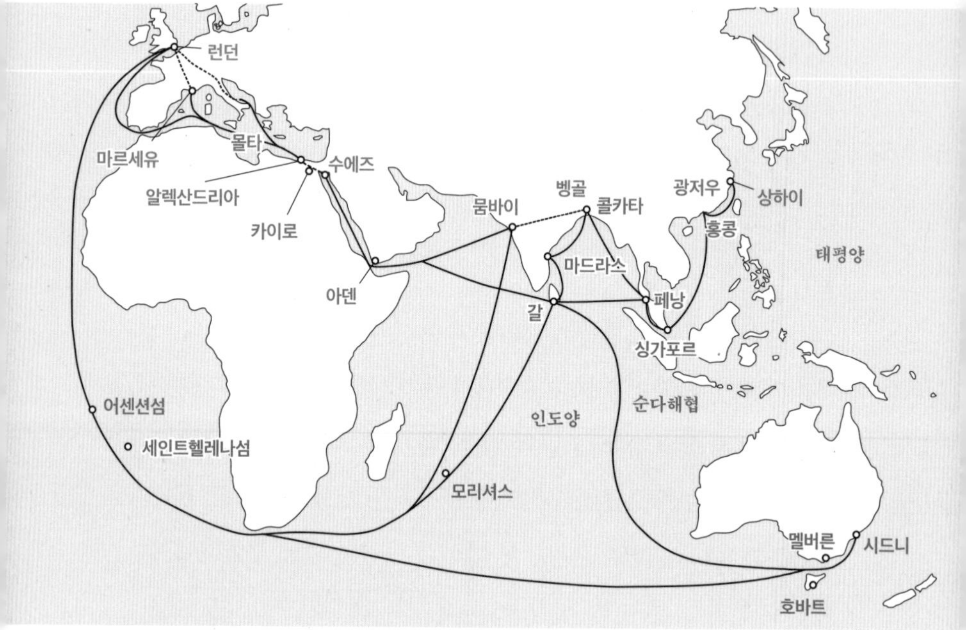

출처: Seija-Riitta Laakso, *Across the Oceans: Development of Overseas Business Information Transmission 1815-1875*, Studia Fennica Historica, 2007

영국 증기선이 상하이에 입항한 것은 19세기 초 무렵이다. 그때까지 중국의 전통적인 해상 항행 주력은 범선의 일종인 정크선이었다. 아편전쟁을 종결하며 영국과 청나라는 난징조약을 맺었다. 1842년의 일이다. 이로써 광저우 외에 푸저우, 샤먼, 닝보, 상하이가 개항되자 정크선 사용은 점차 감소하고 증기선 운항이 증가했

다. 19세기 후반에 이르면 서구 기선회사가 중국에 진출해 상하이—닝보 항로와 상하이—한커우 항로는 영국과 미국 회사가 지배하게 되었다.

후발주자 독일도 1898년 중국에 진출했다. 독일은 삼국간섭으로 자오저우만을 조차지로 삼고 해운회사 함부르크—아메리카 라인(Hamburg-American Line)이 칭다오를 거점으로 상하이와 톈진 간 증기선을 운항했다.

청나라와 일본도 서둘러 독자적 증기선 회사를 설립했는데, 청나라의 윤선초상국(輪船招商局)이 1872년에, 일본의 닛폰유센가이샤(日本郵船会社)가 1885년에 창설되었다. 이로써 자국 기선회사는 서구 기선회사에 맞서 본격적인 경쟁에 돌입했다.

〈표 5〉, 〈표 6〉는 중국 항구에 입항한 연안 항해용 선박과 원양 항해용 선박의 톤 수를 국적별로 나타낸 것이다. 〈표 5〉를 보면 1912년 중국 선박의 비중이 크게 상승했는데 이는 1904년에 통계 자료 작성 방식이 바뀌며 중국—홍콩 간 목조 선박 항해를 기록하게 되었기 때문이다.

이들 표를 보면 연안 항해에서도 영국 선박이 중국 선박의 두 배 이상, 원양 항해에서는 압도적으로 영국 선박이 우위를 차지하고 있음을 알 수 있다. 말하자면 후발 주자인 중국 선박은 영국의 역량을 따라잡을 수 없었기에 중국의 주요 유통망은 영국이 장악했다. 따라서 중국 경제는 크게 침체되었다.

〔표 5〕 **중국 항구에 입항한 연안 항해 선박의 톤 수**(증기선)

연도	미국 선박	영국 선박	독일 선박	일본 선박	중국 선박	전체
1872	1,633	1,330	223	-	18	3,303
1882	64	3,956	257	-	2,300	6,679
1892	36	7,220	371	98	3,113	11,240
1902	466	9,789	2,588	2,455	4,263	19,749
1912	556	14,103	1,775	6,930	6,584	30,144

〔표 6〕 **중국 항구에 입항한 원양 항해 선박의 톤 수**(증기선)

연도	영국 선박	프랑스 선박	독일 선박	일본 선박	중국 선박	전체
1872	652	58	81	-	-	945
1882	1,463	80	182	97	86	2,023
1892	2,439	124	363	218	147	3,460
1902	3,627	316	1,024	1,224	379	7,224
1912	4,931	600	1,310	2,991	2,006	12,848

출처: 표 5, 표 6 모두 Hsiao Liang-Lin, China's Foreign Trade Statistics, 1864-1949, pp. 226-231, 240-245

점점 더 좁아지는 세계

항해 안정성과 함께 증기 엔진이 개량되면서 증기선의 이동 시간은 점점 단축되었다.

〈표 7〉은 핀란드 역사가 위리외 카우키아이넨(Yrjö Kaukiainen)이 작성한 자료를 바탕으로 만들었는데 증기선으로 세계가 얼마나 '좁아졌는지' 잘 보여준다.

간단히 정리하면 1820년에는 범선이, 1860년에는 증기선이 주요 원거리 이동 수단이라고 추정했을 때 이집트 알렉산드리아에서 런던까지 정보가 전달되려면 범선 시대에는 53일이 걸렸으나 증기선 시대에는 10일로 단축되었다. 인도 뭄바이와 콜카타에서는 무려 100일 이상 단축할 수 있었다. 1860년 아르헨티나 부에노스아이레스와 런던 사이는 41일 단축되었고 〈엄마 찾아 삼만 리〉 시대에는 이 기간이 더 줄어들었다.

1869년 수에즈운하가 개통하자 런던—인도 사이는 더욱 가까워졌는데, 수에즈운하는 증기선만 항행할 수 있었다.

또 상품 가격과 임금 격차도 줄어들었다. 예를 들어 리버풀—뭄바이 간 면 가격 차이는 1873년 57퍼센트에서 1913년에는 20퍼센트까지 줄어들었다. 같은 시기 런던—콜카타 간 황마 가격 차이는 35퍼센트에서 4퍼센트로 줄었다. 이렇게 가격 차이가 줄어든 원인은 증기선으로 대량 운송이 가능해지고 운송 시간 또한 단축되면서 운송 비용이 감소했기 때문이었다.

증기선으로는 상품만 운반한 게 아니었다. 19세기는 이민의 시대였다. 대규모 노동자가 더 높은 임금을 받기 위해 증기선을 타고 세계 여러 지역으로 이동했다. 1846년부터 30년 동안 유럽 대륙을 떠나온 이민자는 매년 평균 30만 명에 달했다.

이러한 대규모 이동으로 신세계(아메리카 대륙)와 구세계(유럽)의 임금 격차는 1870년에서 1910년 사이 20퍼센트 이상 감소했다.

『글로벌리제이션과 역사(Globalization and History)』(1999)를 쓴 경제 사학자 케빈 오루크(Kevin H. O'Rourke)와 제프리 윌리엄슨(Jeffrey G. Williamson)에 따르면 다양한 상품의 가격이 수렴된다는 의미에서 세계의 일체화는 1820년대에 시작되었다. 그들은 19세기 후반에 이르러 상품과 생산 요소(노동, 토지, 자본, 시장)가 전 세계적으로 통합되었으며 세계 시장과 관련 없는 곳은 제1차 세계대전이 시작될 시점에는 거의 사라졌다고 보았다.

〔표 7〕 **각 도시에서 런던까지 정보 전달 소요 일수**

	1820년(a)	1860년(b)	a-b
알렉산드리아	53	10	43
마데이라	30	14	16
케이프타운	77	39	38

뭄바이	145	26	119
콜카타	154	39	115
홍콩	141	54	87
시드니	140	53	87
발파라이소(칠레)	121	47	74
부에노스아이레스	97	41	56
리우데자네이루	76	28	48
바베이도스	46	21	25
아바나	51	19	32
뉴올리언스	58	19	39
뉴욕	32	13	19

출처: Yrjö Kaukiainen, "Shrinking the world: Improvements in the Speed of Information Transmission, c. 1820–1870", *Research in Maritime History*, No. 27, p. 252를 바탕으로 작성

스페인의 지배를 받던 라틴아메리카 국가들의 독립을 도운 증기선

상품, 노동과 더불어 국경과 바다를 넘어 활발하게 이동한 것이 하나 더 있다. 바로 자본이다. 영국으로 대표되는 유럽의 몇몇 국가와 미국이라는 소위 '잘나가는 국가'는 해외, 특히 가난한 나

라에 거액을 투자했다. 같은 액수를 투자했을 때 가난한 나라에서 더 큰 수익을 낼 수 있기 때문이었다.

영국의 중요한 투자처 가운데 하나가 라틴아메리카였다. 영국이 라틴아메리카에 투자한 금액은 1826년 2,500만 파운드에 불과했으나 1895년에는 5억 5,000만 파운드, 1913년에는 11억 8,000만 파운드로 50배 가까이 늘어났다. 투자액은 공채에 가장 많이 투입되었고 그 다음으로 철도가 뒤를 이었다. 라틴아메리카 철도는 모조리 영국이 설치했다고 봐도 지나치지 않을 정도다.

나폴레옹전쟁 이전 라틴아메리카의 물품은 주로 종주국인 스페인과 포르투갈로 수출되었다. 그러나 전쟁 이후에는 영국이 최대 수출국으로 부상했다. 영국은 라틴아메리카에서 소고기, 옥수수, 밀, 고무 등을 수입해 재수출하는 과정에서 이익을 얻었다. 이 무역으로 라틴아메리카의 경제 수준도 상승했다. 그래서 마르코의 엄마처럼 유럽에서 남미로 일자리를 찾아 건너가는 사람이 증가했던 것이다.

영국은 세계 각지에 식민지를 거느린 '해가 지지 않는 나라'였다. 그러나 인도, 캐나다, 오스트레일리아처럼 공식적으로 대영제국에 속한 '영연방 지역'과 별개로 '비공식 제국'이라 불리는 지역이 있었다. 다시 말해 식민지는 아니지만 경제적으로나 정치적으로나 영국의 속국으로 볼 수 있는 지역을 말하는데, 19세기 남아메리카가 바로 여기에 속했다. 흥미로운 것은 영국을 제외한 다른 열강은 '비공식 제국'을 갖지 않았다는 점이다.

영국이 이렇게 예외적인 행보를 할 수 있었던 데는 영국의 독보적인 해운업 발전이 영향을 미쳤다. 즉 식민지라는 형식으로 지배하지 않더라도 영국 배가 상품 운송을 장악함으로써 그 지역 물류와 경제가 실질적으로 영국의 관리하에 들어왔다. 바꿔 말하면 스페인의 지배를 받던 라틴아메리카 국가들이 줄줄이 독립하게 된 요인 중 하나는 주요 통상 상대가 영국으로 바뀌면서 종주국과의 경제적 유대가 약해졌기 때문이라고 추정할 수 있다. 여기에서도 역사를 바꾼 건 해운, 즉 증기선의 힘이었다.

VITAL POINT OF HISTORY

12

'영국이 산업혁명 덕분에 19세기 세계를 지배하는 헤게모니 국가가 될 수 있었다'라는 논리가 허구인 이유는?

'헤게모니 국가'의 결정적 한 방은?

'헤게모니(Hegemonie)'라는 말을 흔히 들어봤을 것이다. 헤게모니는 주로 '패권'으로 번역되는데 '압도적인 지위와 힘으로 주변을 지배하는 권력'을 의미한다.

그렇다면 '헤게모니 국가'가 되기 위해 결정적으로 필요한 것은 무엇일까? 군사력일까? 산업력일까? 아니면 인구와 영토의 크기일까?

경제사의 관점에서는 그 답을 '수수료'라고 본다.

일반적으로 '수수료'라고 하면 소소하게 푼돈을 버는 듯한 이미지가 있는데 이는 크게 잘못된 생각이다.

헤게모니 국가는 세계체제론으로 유명한 미국 사회학자 이매뉴얼 월러스틴(Immanuel Wallerstein)이 제시한 개념이다. 그에 따르면,

세계사에서 헤게모니 국가는 17세기 중반의 네덜란드, 19세기 말부터 제1차 세계대전 직전까지의 영국, 제2차 세계대전부터 베트남전쟁까지의 미국, 이렇게 세 나라밖에 없다. 이매뉴얼 월러스틴은 공업, 상업, 금융업 부문에서 다른 나라를 압도하는 국가를 헤게모니 국가라고 정의했다. 그런데 나는 이 주장에 현실성이 부족하다고 생각한다.

좀 더 이치에 맞게 설명하자면, 헤게모니 국가란 궁극적으로 '경제 활동에서 무엇이 옳은가?'를 결정할 수 있는 국가다. 다시 말해 상업이라는 게임의 규칙을 결정하는 권리를 손에 쥔 국가가 헤게모니 국가인 셈이다.

게임의 규칙을 결정한다는 것은 무슨 의미일까? 국제 금융과 무역 등의 거래에 참여하려면 그 국가의 규칙을 따라야 한다는 뜻이다. 그러한 힘을 가진 나라에는 온갖 상업 정보가 집결되고 국제 상업의 필수 조건인 무역 결제가 그 나라에서 이루어지며 거액의 자본이 흘러들어온다. 이들은 대개 수수료라는 형태를 취하는데, 수수료는 말하자면 '자릿세'로, 경제라는 게임에 참여하려면 헤게모니 국가에 자릿세를 내야 한다.

이제 전형적인 헤게모니 국가였던 영국을 자세히 들여다보며 헤게모니 국가에 대해 알아보자. 영국은 세계 최강의 해군력을 보유하고 전 세계에 식민지를 거느렸을 뿐 아니라 세계 최대 수수료 수입국이기도 했다.

생각보다 벌이가 시원치 않았던 산업혁명

영국이 헤게모니 국가의 지위를 차지하게 된 이유로 흔히 산업혁명을 들곤 한다. '산업혁명으로 인해 영국은 세계의 공장이 되었다. 그 덕분에 영국은 세계를 지배할 수 있었다'라는 논리다.

과연 이러한 주장은 사실과 부합할까? 〈표 8〉은 영국 자본의 흐름을 나타낸다. 1710~1900년 사이 영국 무역 수지가 흑자를 기록한 때는 거의 없다. 만일 당시 영국이 지금의 독일이나 일본처럼 공업 생산품 수출로 이익을 내는 국가라면 무역 수지가 흑자여야 한다. 면직 공업으로 세계 최초의 공업 국가로 발돋움한 영국은 무역 수지만 놓고 보면 공업력이 영국 경제에 큰 득이 되지는 않았다.

〈표 8〉을 계속 보면, 영국은 19세기 후반 이후 해운업에서 들어오는 순수입, 보험과 무역으로 얻은 이익, 서비스가 만들어낸 수입이 눈에 띄게 늘어났음을 알 수 있다.

19세기 영국은 세계 최대 해운국가였다. 동시에 선박, 항만 시설 등의 인프라 분야, 금융, 보험 등의 서비스 분야, 나아가 국제 비즈니스와 해상 교통 관련 법 정비 분야에서도 영국은 세계의 기준이 되었다. 넓은 의미에서 인프라(OS, 플랫폼 등)를 장악하고 표준을 만든다는 의미에서 오늘날의 구글, 아마존, 마이크로소프트 등도 마찬가지 전략을 취하는 것이라고 할 수 있다.

영국이 정비한 인프라 전략에서는 특히 전신에 주목해야 한다. 미국 역사가 대니얼 헤드릭(Daniel R. Headrick)은 전 세계로 뻗어나간 대영제국의 전신 네트워크를 제국의 '보이지 않는 무기'라고 불렀다. 그 전신이 바로 수수료 자본주의 근간에 자리한 비장의 무기였다.

〔표 8〕 **영국의 무역과 서비스액**(단위: 100만파운드)

연도	무역 수지	해운업으로 얻은 순수입	보험 등	무역으로 얻은 이익	서비스로 얻은 수입
1710	-0.13	0.50	0.00	0.57	1.07
1720	-1.83	0.70	0.00	0.55	1.25
1730	-2.76	0.90	0.10	0.64	1.64
1740	-2.28	1.20	0.15	0.62	1.97
1750	0.48	1.50	0.23	1.13	2.86
1760	-2.36	1.80	0.29	1.32	3.41
1770	-4.44	2.80	0.29	1.14	4.23
1780	-3.82	3.20	0.26	1.06	4.52
1790	-10.14	4.20	0.45	1.79	6.44
1800	-10.24	5.20	0.73	2.92	8.85
1810	1.60	9.00	2.90	5.70	17.60
1820	-9.60	8.40	2.50	5.10	16.00
1830	-14.30	7.90	2.50	5.00	15.40
1840	-32.90	12.60	3.80	7.60	24.00

1850	-23.20	14.20	4.70	9.30	28.20
1860	-52.40	27.70	9.40	18.80	55.90
1870	-65.50	45.70	13.70	27.40	86.80
1880	-130.00	60.00	15.70	31.40	107.10
1890	-96.80	60.60	16.90	33.70	111.20
1900	-178.60	68.50	17.50	35.10	121.10

출처: Elise S. Brezis, "Foreign Capital Flows in the Century of Britain's Industrial Revolution: New Estimates, Controlled Conjectures", *The Economic History Review*, Vol. 48, No. 1, 1995, p. 4 참조

사람보다 물건보다 빠르게

왜 전신을 영국 헤게모니의 중심축이라고 하는 것일까? 답은 간단하다. 세계 무역 결제가 전신을 통해 이루어졌기 때문이다.

조금 더 자세히 살펴보자.

과거 유럽 상인은 원격지에 있는 파트너, 거래 상대, 대리인 등에게 정확한 정보를 전달하기 위해 하루에 몇 시간씩 편지를 써서 상업 정보를 알렸다. 실제로 상업에 종사하는 시간보다 편지를 쓰는 시간이 더 길었을 것으로 보인다.

그런데 문자나 숫자를 전기 신호로 바꾸어 전하는 전신의 탄생으로 편지지를 붙들고 책상 앞에 앉아 있던 시간이 크게 줄어들었다. 19세기 말에 들어서면 영국과 오스트레일리아 사이에 불과 1.8일이면 정보를 전달할 수 있게 되었다. 즉 정보가 인간과 상품

19세기 말에 들어서면
영국과 오스트레일리아 사이에
불과 1.8일이면 정보를
전달할 수 있게 되었다.
즉 정보가 인간과 상품의 이동보다
훨씬 빨리 전달되게 된 셈이다.

19세기에 증기 기관과 전기의 보급은 인류의 삶을 획기적으로 변화시켰다.

의 이동(물류)보다 훨씬 빨리 전달되게 된 셈이다.

전신이 보급되기 이전에는 확정적인 데이터가 없는 상태에서 현지 수급, 가격 상황을 예측해 상품을 보낼 수밖에 없었다. 또 주문한 상품이 언제 도착할지 몰라 내구성 있는 상품을 대량으로 창고에 비축해 둘 필요가 있었다. 전신의 발달이 야기한 '통신 혁명'은 이러한 상업 환경을 극적으로 변화시켰다.

전신을 부설하는 데에는 거액의 비용이 들었다. 증기선 건조 비용은 범선보다 비쌌고 철도 부설 비용은 마차 제조 비용과 비교할 수조차 없는 수준이었다. 모두 단독 상인 혹은 상인 연합이 감당할 수 있는 금액이 아니었다. 그 정도 비용을 부담할 수 있는 건 국가밖에 없었다. 그러한 국가 단위 경제 경쟁에 기민하게 대응한 나라가 바로 영국이었다.

근세 상업 패권을 손에 넣었던 포르투갈과 네덜란드의 상인은 자신들이 일군 네트워크를 통해 교역했다. 이때 주체는 어디까지나 개별 상인으로 국가의 관여는 크지 않았다. 그런데 영국은 상업 활동에 국가가 깊숙이 개입했으며 이것이 영국을 헤게모니 국가로 만든 결정적인 한 수로 작용했다.

전 세계 바다에 자국의 증기선을 띄우기 위해 영국은 거액의 비용을 투자해 항만 시설과 항로 등을 정비했다. 여기에 더해 영국은 통신망 구축에도 박차를 가했는데, 특히 해저 케이블을 설치해 바다를 건너는 정보망을 구축하고자 힘을 쏟았다. 참고로 최초로 두 개 국가를 연결한 해저 케이블은 1851년에 매설한 도버해협 횡단 케이블이었다.

또 1895년 이탈리아의 발명가 굴리엘모 마르코니(Guglielmo Marconi)가 무선 통신을 발명했으나 이탈리아 정부가 시큰둥한 반응을 보이자 영국이 재빨리 나서서 마르코니 무선 통신 회사(Wireless Telegraph & Signal Company, 이후 Marconi Company가 되었다)를 설립했다. 이는 1897년의 일이다. 이어 1901년에 마르코니는 영국 콘월에서 캐나다 뉴펀들랜드섬까지 대서양 횡단 무선 통신에 성공했다. 이처럼 영국은 새로운 운송과 통신 인프라를 국가 주도로 갖추어나갔다.

전신은 무역 결제 시스템의 판도를 바꾸어 놓았다.

무역에서는 돈을 지불하는 사람이 어음을 발행하면 돈을 받는 사람이 그 어음을 인수하게 된다. 전신이 발전하기 전에는 어음을 발행하고 받기까지 오랜 시간이 필요했다. 더구나 국제 무역에는 상당한 시일이 소요되었기에 인내심을 가지고 기다려야 했다. 예를 들어 아시아 어느 도시에서 발행한 어음을 런던에서 받으려면 십여 일이 필요했다. 그러나 전신이 보급되면서 일 처리 속도가 빨라진 덕분에 이틀 또는 사흘 만에 런던에서 결제가 이루어질 수 있었다.

세계 전신망의 중심에 런던이 있었다. 이는 국제 거래 결제가 대부분 런던에서 이루어졌다는 뜻이다.

왜 수수료 비즈니스는 수익률이 높을까?

무역 결제 수수료는 도박으로 말하면 판돈, 게임으로 말하면 참가비에 해당한다. 그렇다면 수수료 비즈니스는 어떻게 돈벌이가 되는 것일까?

첫째, 새어나갈 구멍이 없다. 쉽게 말해 게임에 참여하는 사람, 즉 거래를 하려는 사람은 참가 시점에서 누구나 수수료를 내야 한다. 수수료를 내지 않겠다고 하면 게임 참가 자격이 박탈된다. 그래서 이익이 나온 후에야 분배금이 들어오는 투자보다 수수료 장사가 좀 더 확실하게 돈을 벌 수 있는 것이다.

둘째, 경쟁의 영향이 적다. 영국이 그랬듯이 결제를 위한 인프라를 거의 독점하면 가격 경쟁이 일어나지 않는다. 게다가 다른 나라 경제가 성장해도 수수료 비즈니스라면 불리해지지 않는다. 오히려 경제가 활성화되며 거래가 늘어남에 따라 수수료 수입도 늘어나 더 큰 이익을 챙길 수 있다.

이 부분이 수수료 비스니스와 공업의 결정적인 차이점이다. 영국은 18세기 말부터 장기간 세계 최대 공업 국가로 군림했다. 그러나 1870년 무렵 공업 생산액에 있어 다른 나라에 점차 밀리기 시작했고 20세기에 접어들면서 '세계의 공장' 자리를 독일과 미국에 내주었다.

잘 알려져 있듯이, 공업이 발전하고 국민 임금 수준이 상승하면 그만큼 제조 단가가 올라가서 제품 가격이 비싸진다. 또 경쟁국과의 경쟁이 격화되면 이익률이 더욱 줄어든다.

그런데 다른 나라가 부지런히 공업 생산을 늘려 경제 성장을 이룩할수록 영국의 전신, 영국의 금융, 영국의 보험(그리고 상품을 운송하는 영국 증기선)이 더욱 활발하게 이용되었다. 각국 경쟁에 불이 붙을수록 영국으로 들어오는 수수료는 점점 늘어나 영국은 구축해 놓은 네트워크를 통해 가만히 앉아서 돈을 벌어들일 수 있었다.

또한 19세기는 철도와 증기선의 보급으로 네트워크가 전 세계로 확장된 시대이기도 했다. 이 네트워크가 매끄럽게 운행되려면 열차와 선박의 출발과 도착 등 다양한 정보를 공유할 필요가 있었는데 그것을 가능하게 한 게 바로 영국의 전신이었다. 전신 덕분에 전 세계적 정보 공유가 이루어질 수 있었다. 철도와 증기선 자체는 각국이 기술을 발전시켜 스스로 마련했다고 할지라도 이들은 모두 영국이 개발한 통신 시스템에 의존할 수밖에 없었다. 나아가 관련 시스템 기술 지도, 정비 등까지도 대영제국의 수수료 비즈니스의 한 축을 담당했다.

결국 결제 시스템을 장악한 자가 상업의 규칙을 결정할 수 있는 것이다. 예를 들어 19세기 말에 금본위제가 국제적 표준으로 확립되었는데, 그 시작은 1816년 단행한 영국의 화폐법이었다. 영국의 기준을 세계가 받아들인 것이다. 바로 이것이 헤게모니 국가가 가진 막강한 권력이다.

세계사 속의 전신망

영국을 헤게모니 국가로 키운 전신망을 세계사 지도 위에 놓고 보면 무척 흥미로운 사실을 알 수 있다.

〈지도 21〉은 1891년 기준 전신망을 나타냈다. 이 지도가 어쩐지 익숙해 보이지 않는가? 이 전신망은 근세 국제 무역 상인의 무역 경로와 거의 일치한다.

지중해 해저 케이블은 이탈리아 상인과 무슬림 상인이 오간 항로였다. 수에즈 지협을 거쳐 홍해에 이르는 경로는 무슬림 상인과 오스만제국의 교역로다. 거기서부터 무슬림 상인이 배를 타고 인도를 향해 간 바다에도 해저 케이블이 깔렸다. 그리고 그 전신망은 인도 상인, 힌두교인, 아르메니아인 등 동남아시아의 다양한 상인이 왕래한 길을 따라 이어졌다. 포르투갈인이 개척한 희망봉을 도는 경로 역시 마찬가지다. 또 이베리아반도에서 남미로 향한 해저 케이블은 이베리아반도 상인뿐 아니라 세파르디 유대인의 교역로를 이용했다.

아일랜드에서 북미로 뻗어 나간 해저 케이블은 예부터 바이킹, 나중에는 영국인이 개척한 길을 그대로 답습했다. 북아메리카 경로는 16세기부터 북아메리카 선주민과 프랑스인 등이 비버 가죽을 거래하러 오간 길로 추측할 수 있다. 북미에서 카리브해에 이르는 전신망은 원래 세파르디 유대인의 상업 항로였다.

〔지도 21〕 1891년 세계 전신망

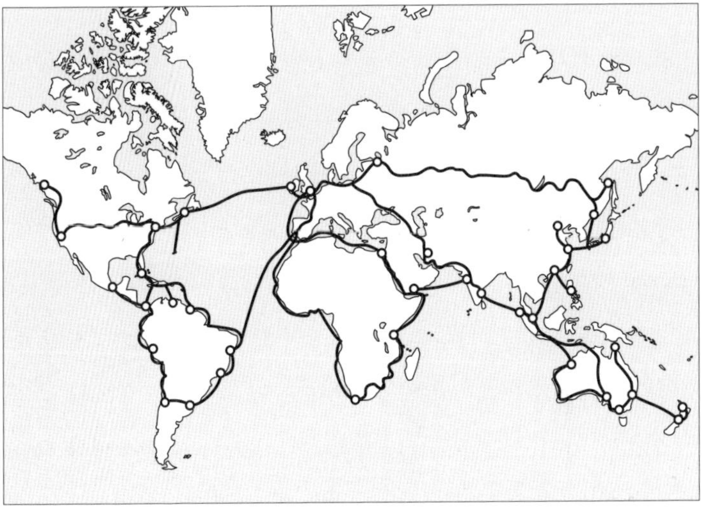

러시아에서 블라디보스토크까지는 아르메니아 상인, 시베리아(이르쿠츠크) 상인, 야쿠츠크 상인을 포함한 러시아 상인의 상업 통로로 추정할 수 있다. 상하이와 홍콩 사이에도 해저 케이블이 연결되었는데, 이 길 역시 중국 상인, 화교, 동남아시아의 온갖 상인이 이용한 상업 통로였다.

즉 국제 전신망은 근세 각양각색의 국제 상인이 이용한 경로를 거의 그대로 활용했다고 볼 수 있다. 이 대목에서 근세와 근대의 연결성을 찾을 수 있다.

1866년 미국 뉴펀들랜드 하츠콘텐트항에 도착한 대서양 횡단 케이블

문화도 종교도 서로 다른 많은 사람이 다양한 한계를 지닌 채 릴레이 방식으로 펼쳐지던 교역이 근대에 들어서면서 전신 기술에 힘입어 단숨에 한계를 극복하고 직접 무역 상대와 소통하는 교역으로 변화했다. 전신 덕분에 상업 관행이 국제적으로 통일되는 경향이 나타났고 거래 비용 또한 눈에 띄게 줄어들었다고 추정할 수 있다. 엄청난 시간과 수고가 절약된 동시에 과거 서로 다른 문화가 협력하던 관계에서 영국으로 대표되는 유럽의 독점주의 노선을 모두가 따르게 되었다.

'로마는 하루아침에 이루어지지 않았다'는 말처럼 영국도 자력으로 헤게모니 국가의 지위를 획득한 건 아니다. 여러 나라의 많은 사람들이 오랜 세월 동안 개척한 성과 위에 쌓아올린 나라가 바로 대영제국이었다.

VITAL POINT OF HISTORY

13

중국은 과연 미국에 이어 헤게모니 국가가 될 수 있을까?

오늘날의 미국을 헤게모니 국가라고 답하기 어려운 까닭

앞에서 대영제국을 예로 들며 헤게모니 국가에 대해 알아보았다. 그렇다면 현재 헤게모니를 쥔 나라는 어디일까? 이 질문에는 고민 끝에 미국이라고 답할 수밖에 없다. 명쾌하게 '미국'이라고 답하지 못하는 데는 몇 가지 이유가 있다. 장기적인 시각에서 보면 제2차 세계대전 이후 시작된 미국의 헤게모니가 이미 쇠퇴의 길로 접어든 지 오래되었기 때문이다.

미국의 헤게모니는 거대한 다국적 기업, 국제통화기금(International Monetary Fund, IMF)과 세계은행(International Bank of Reconstruction and Development, IBRD)으로 대표되는 국제기관, 전 세계에 주둔하는 미군의 존재가 뒷받침한다. 그런데 1971년 닉슨 충격(Nixon Shock)으로 브레턴우즈 체제(Bretton Woods System)가 막을 내리고 1973년 석유

파동(Oil Shock)으로 원유 가격 결정권을 상실했다. 최근 몇 년 사이에 종종 거론되는 미국 헤게모니의 후퇴는 이미 1970년대에 시작되었다고 보아야 한다.

그럼에도 현재 미국을 넘어서는 강력한 힘을 가진 국가는 등장하지 않았기에 미국은 여전히 세계 경제 체제의 중심에서 세계 정치, 경제의 규칙을 정할 수 있는 위치를 차지하고 있다. 현재 미국의 재정 적자(2021년 회계연도 전반기에 1조 7,000억 달러)와 무역 적자(2021년 1~9월 6,386억 달러) 규모가 상당한데도 경제 강국으로 영향력을 발휘할 수 있는 것은 시스템의 중심에 자리를 잡고 있기 때문이다.

중국은 이러한 미국 헤게모니에 도전하는 존재로 주목받는 거의 유일한 국가다. 중국의 강점은 뭐니 뭐니 해도 미국의 뒤를 이어 세계 2위 국내총생산(GDP, 중국의 경제 통계가 정확하지 않다는 것을 감안해야 한다), 거대한 경제 규모를 뒷받침하는 인구(노동력)와 세계의 공장이라는 별명이 붙을 정도로 발전한 공업이다. 그러나 중국이 한 단계 더 도약하려면 중국의 앞길을 막는 주요 과제를 몇 가지 해결해야 한다. 그중 경제학에서 말하는 '중진국의 덫'은 중국이 헤게모니 국가로 올라서기 위해 넘어야 하는 높은 진입 장벽이다.

애초에 중국이 '세계의 공장'이 된 것은 풍부하고 값싼 노동력 덕분이다. 풍부한 노동시장을 기반으로 한 중국의 우위성은 중국 경제 성장에 발맞추어 임금이 상승하면서 점점 사라지고 있다. 중국으로 공장을 이전한 세계 각국 기업은 더 저렴한 노동력을 찾아 동남아시아국가연합(ASEAN)이나 인도, 방글라데시 등으로 이동하고 있는 실정이다.

또 하나의 과제는 에너지다. 중국은 미국과 달리 자국 내에 이용 가능한 자원을 대량으로 확보한 나라는 아니다. 이 말은 곧 중국이 경제 성장을 지속하려면 막대한 양의 에너지를 계속 수입해야 한다는 것이다.

그래서 중국은 장대한 경제 성장 정책으로 '일대일로(一帶一路, One belt, One road)'를 내놓으며 아시아인프라투자은행(Asian Infrastructure Investment Bank, AIIB) 설립을 추진했다. 중국의 이러한 정책이 물류 인프라를 정비하고 금융을 장악하기 위해서라면 앞에서 설명한 헤게모니 국가 전략과 부합할 수 있다. 그렇다면 중국의 정책은 현실에서 어떻게 이루어지고 있을까?

15세기 초 명나라 황제 정화의 대원정 루트를 그대로 답습한 중국의 일대일로

중국의 일대일로가 무엇을 목표로 하는지 지금으로서는 정확히 알 길이 없는 것이 사실이다. 너무 장대한 계획이라 어쩌면 그 누구도 전모를 파악하지 못할 수도 있다. 먼저 일대일로의 진행 과정을 연표로 정리해 살펴보자.

2013년 9-10월	시진핑(習近平) 국가주석이 '실크로드 경제 벨트'와 '21세기 해양 실크로드'를 포함한 '일대일로' 구상을 정식으로 발표.
2013년 11월	제18기 중앙위원회 제3회 전체회의에서 심의·채택된 '전면적 개혁 심화에 있어 몇 가지 중대 문제에 관한 중공중앙의 결정'으로 '일대일로' 건설 추진과 전면적 대외 개방 신구조 형성 제창.
2014년 2월	시진핑 국가주석과 러시아 푸틴 대통령은 '일대일로' 건설 및 시베리아 횡단철도 통합에 합의.
2014년 11월	2014년 APEC 정상회의에서 시진핑 국가주석은 '일대일로' 관계국의 인프라 건설, 자원 개발, 산업 협력, 금융 협력 등의 호환성에 관한 프로젝트를 위한 융자 지원을 위해 400억 달러를 출자해 실크로드 기금을 설립한다고 발표.
2015년 3월	'일대일로'에 관한 최초의 톱다운 설계와 전략 설계인 '실크로드 경제 벨트와 21세기 해양 실크로드의 공동 건설 추진 비전과 행동' 발표.
2015년 11월	'일대일로' 협력 구상과 '중국·EU 협력 2020 전략 계획'에 기초해 중국과 중동, 유럽 16개국은 '중국, 중동, 유럽 국가 협력 중기 계획'을 공동 발표하고 '16+1 협력' 발전을 추진.
2015년 12월	아시아의 인프라 건설 및 '일대일로' 융자를 위한 아시아인프라투자은행(AIIB) 창설.
2016년 3월	'일대일로'를 제13차 5개년 계획의 주요 목표 임무와 중요 지표로 설정.
2016년 8월	시진핑 국가주석은 "'일대일로' 건설 추진 활동 좌담회에서 '이미 100개 이상의 국가와 국제조직이 참여하고 국제연합 등의 국제조직도 적극적인 자세를 보이고 있다"라고 말했다.

2016년 9월	시진핑 국가주석은 G20 항저우 정상회의에서 "중국의 발전은 국제사회에서 이익을 얻어 더 많은 공공재 제공을 희망하고 있다. 일대일로 구상의 목적은 관계국과 중국 발전의 기회를 나누고 공동 번영을 실현하는 것"이라고 선언.
2017년 5월	'일대일로' 국제협력 고위급 포럼이 베이징에서 개최.

출처: 『北京週報』

일대일로 정책은 단순히 말하면 중국이 중심이 되어 유라시아대륙을 통합하려는 시도다. 중국 서부—중앙아시아—유럽을 연결하는 '실크로드 경제 벨트'(일대)와 중국 연안부—동남아시아—인도—아프리카—중동—유럽을 잇는 '21세기 해양 실크로드'(일로)로 이루어진 육지와 바다를 아우르는 유통로를 중국의 통제하에 두겠다는 것이다. 그야말로 야심만만한 계획이 아닐 수 없다〈지도 22〉.

재미있게도 이 정책을 세계사 속에 대입해보면 15세기 초 명나라 환관 정화가 갔던 대원정 경로를 거의 그대로 따르고 있다〈지도 23〉. 또 17세기 아르메니아 상인이 구축한 상업 네트워크와도 겹친다〈지도 24〉.

정화와 아르메니아 상인이 오간 바닷길이나 내륙을 연결한 실크로드는 기본적으로 오랜 시간에 걸쳐 상인들이 자발적으로 형성한 길로, 국가가 적극적으로 개입해 개척한 길이 아니다. 반면 중국의

〔지도 22〕 일대일로

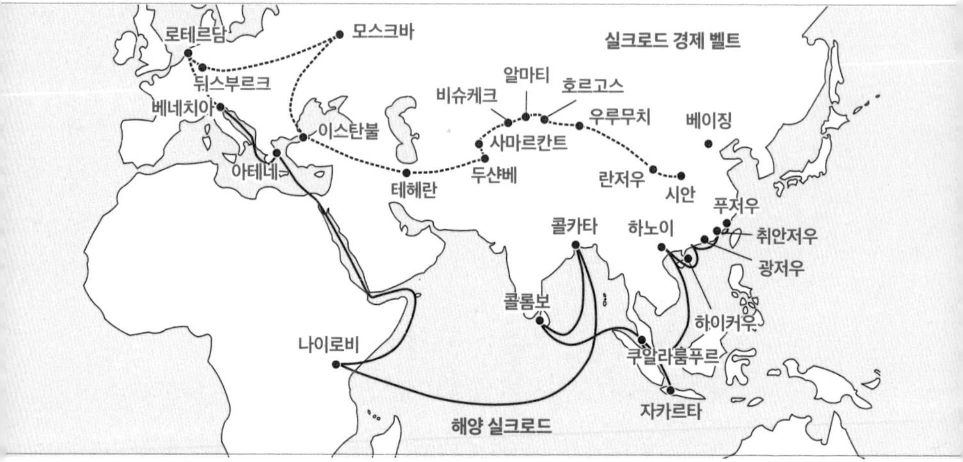

〔지도 23〕 정화의 대원정

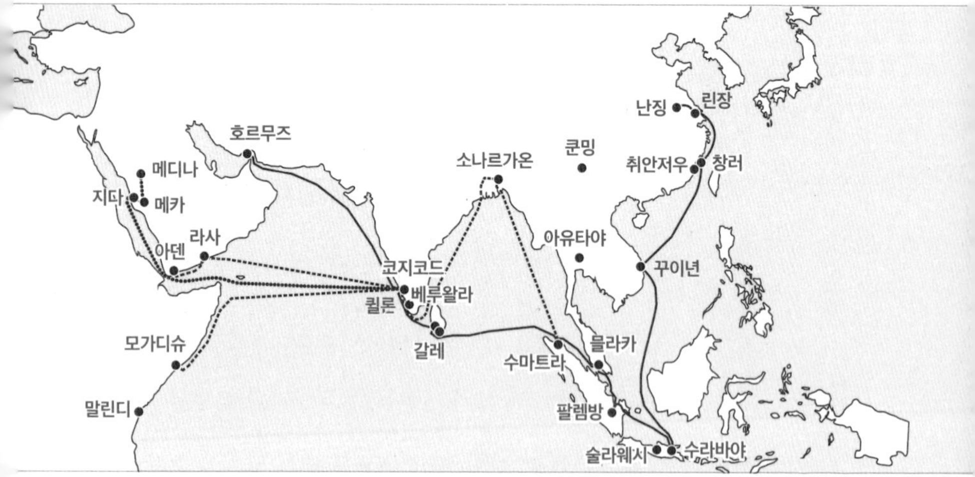

일대일로는 국가 주도로 물류망(특히 에너지)에 개입하려는 시도다.

만약 일대일로에 따라 유라시아대륙이 단일 경제 지역으로 통합된다면 근대 서구가 완성한 대서양 경제와 맞먹는, 아니 그 규모를 훨씬 초월하는 경제권이 될 가능성이 크다. 만일 그렇게 된다면 중국은 미국을 대신해 새로운 헤게모니 국가 지위를 차지할

〔지도 24〕 **근세 인도양의 아르메니아인 거류지**

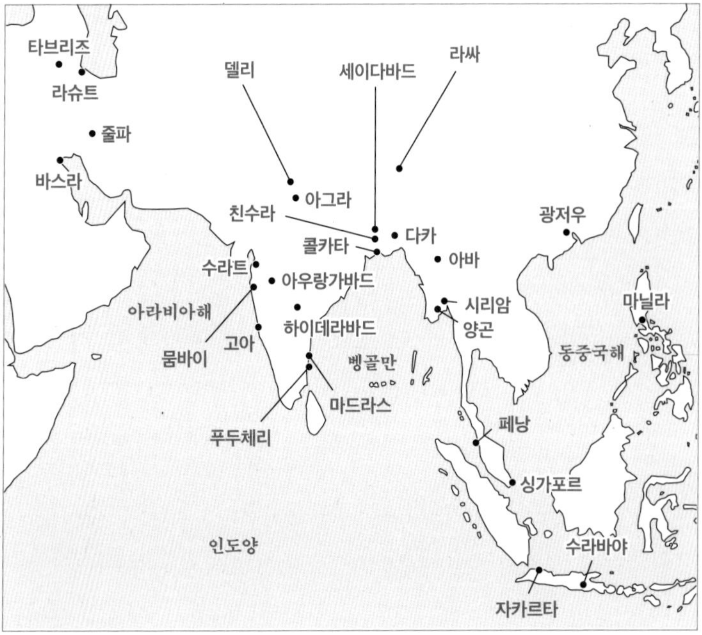

출처: Sebouh David Aslanian, *From the Indian Ocean to the Mediterranean: The Global Trade Networks of Armenian Merchants from New Julfa*, Berkeley, 2011, p. 57, Map 1

수도 있을 것이다.

그러나 그것은 결코 쉽게 달성될 수 있는 일이 아니다. 중국이 나아가고자 하는 길에는 해결해야 할 문제가 그야말로 산더미처럼 쌓여 있기 때문이다.

일대일로 정책은 군사적 목표를 설정하지 않았다. 일대일로 정책은 크게 에너지, 안전, 시장이라는 세 가지 항목으로 분류된다. 다양한 운송로와 항만 시설이 무역을 촉진하고 안전을 개선해 시장을 확장하려는 시도다.

하지만 이러한 목적을 달성하고 유라시아의 통상로를 장악하려면 영국과 미국이 그랬듯이 그 지역이 어디든 함대를 파견할 수 있는 해군력이 전제되어야 한다. 현재 중국이 급속히 군사력을 증강하고 있다는 사실은 잘 알려져 있으나 중국의 국방력 강화는 재정적으로도 정치적으로도 매우 높은 비용을 치르게 할 것이다. 일대일로 정책의 배후에 도사리고 있는 군사적 위험성을 저평가해서는 안 될 것이다.

중국이 영국이나 미국처럼 헤게모니 국가가 되는 데 방해되는 가장 치명적 약점은?

헤게모니 국가는 물류, 금융, 정보의 중심에서 세계 경제를 이끄는 존재다. 바꿔 말하면 적어도 국제적인 거래에서 세계 여러 나라가 이용할 수 있는 인프라를 제공해야 한다는 뜻이다. 또 이는 영국이 구축하고 미국이 유지한 항만 시스템, 보험, 해양법, 전신망 등을 다른 나라도 이용함으로써 안정적으로 상거래를 진행하고 안전하게 여행을 하고 상점에는 각국에서 들여온 상품이 즐비하게 된 상황을 의미하기도 한다. 이것이 헤게모니 국가가 보여주어야 하는 모습이다(이 과정에서 영국과 미국은 자동으로 이익을 챙길 수 있는 구조가 만들어졌다).

일대일로를 통해 중국은 영국이나 미국 같은 헤게모니 국가가 될 수 있을까? 그런데 중국은 진정 헤게모니 국가를 목표로 하고 있을까?

먼저 금융 면에서 중국은 치명적인 약점을 안고 있다. IMF의 특별 인출권에서 차지하는 위안화의 비율은 2016년 10월 1일 기준으로 10.92퍼센트 수준에 머물러 있다. 미국 달러는 41.73퍼센트, 유로화는 30.93퍼센트, 일본 엔화는 8.33퍼센트, 영국 파운드화는 8.09퍼센트다. 이는 곧 중국 위안화가 지역 통화로는 통용되어도 세계 통화로서는 역할을 다하지 못하는 현실을 말해준다. 상하이와 홍콩이 런던이나 뉴욕처럼 세계 금융의 중심이 되는 날은 아직 예상되지 않는다.

AIIB는 어디까지나 일대일로의 인프라 정비 등 중국의 산업 정책을 위해 만들어진 기구라고 추정할 수 있다. 일대일로 정책에서

일대일로를 통해 중국은
영국이나 미국 같은
헤게모니 국가가 될 수 있을까?
그런데 중국은 진정 헤게모니 국가를
목표로 하고 있을까?

중국 상하이 스카이라인과 도시 전경

에너지를 우선순위로 꼽았듯 중국은 중앙아시아, 중근동 등에서 에너지 수입을 위해 공을 들이고 있다. 예를 들어 중국—카자흐스탄 사이에는 송유관, 중앙아시아—중국 사이에는 연간 600억 세제곱미터나 되는 막대한 양의 천연가스를 수송할 수 있는 파이프라인을 계획했는데, 그 주요 목적 역시 중국 산업화를 위해서라고 짐작된다.

이러한 전반적인 사정을 살피면 일대일로 정책이 현재 중국이 안고 있는 갖가지 과제의 해결책이 될 수 있을지 회의적인 시선으로 바라보지 않을 수 없다.

'중진국의 덫'에 직면한 중국은 내륙부와 연안부의 임금 격차 해소 문제에 집중해야 한다. 국내 격차를 축소하고 사회 안전을 도모하며 동시에 중산층을 확대하고 내수를 충실하게 만드는 게 '중진국의 덫'을 탈출하는 길이 아닐까. 그리고 내륙부의 생활수준을 향상해야 한다.

또 환경오염 문제와 에너지 절약 등으로 환경 부담 비용을 줄이려는 구체적이고 현실성 있는 정책과 지속적인 노력도 중요하다. 미세먼지 등의 대기오염은 이미 중국 국내는 물론 주변국에도 적지 않은 피해를 주고 있으며 중국 국내 토양과 지하수 오염 문제는 매우 심각한 상황이다. 이러한 과제를 해결하지 않고 일대일로 정책에 무작정 매진한다면 중국은 유라시아 전체에 공해를 수출하는 끔찍한 나라가 될 것이다.

'자국 우선주의'의 한계에 부닥친 중국

자본주의 사회에서는 직접 일하지 않아도 돈이 저절로 들어오는 구조를 만든 사람이 부자가 될 수 있다. 이렇게 직설적으로 말하면 불편하게 느껴질 수 있으나 그것이 자본주의 체제의 본질이다. 그리고 이러한 자본주의 속성을 국가에 대입한 것이 바로 헤게모니 국가다. 앞서 전형적인 헤게모니 국가 영국을 살펴봤다.

이러한 관점에서 중국의 일대일로 정책을 바라보면 중국에 자동으로 돈이 들어오는 시스템은 보이지 않는다. 오히려 자국으로 에너지를 끌어와서 운송 인프라 건설로 돈을 벌고 싶다는 '경쟁 전략', '자국 우선주의' 자세만 눈에 띈다.

다른 나라에 피해를 주지 않고, 경쟁에서 승리해 돈을 버는 게 아니라(소모적인 경쟁에 매진하면 언젠가는 패자가 되는 날이 온다) 다른 나라를 포함해 세계 전체의 경제가 확장되어야 자동으로 돈이 들어오고 국고가 늘어난다. 이러한 시스템이 헤게모니 국가의 전략이며 자본주의 체제에서 승자가 되는 방법이다. 미국 트럼프 정권이 등장한 이후 자주 듣게 된 '자국 우선주의'와 공통으로 안고 있는 문제이기도 하다.

헤게모니 국가는 애초에 서양 근대 역사에서 형성된 개념이다. 그런 의미에서 지금 중국이 구상하는 '패권'은 서구인의 것과 상당히 다르다.

본래 중국은 세계에서 가장 부유한 나라였다. 중국이 오랜 세월 채택한 외교, 교역 시스템은 조공무역이다. 주변국, 세계 각국은 가장 발전한 중국과 교류하기를 원했고 중국의 선진 문물을 갖고 싶어서 가만히 있어도 아쉬운 쪽에서 알아서 찾아오는 구조였다. 중국은 자기 나라를 찾아오는 이들에게 은혜를 베풀어 줌으로써 지배력을 행사했다.

이와 달리 헤게모니 국가는 노력으로 달성한 지위다. 국제적인 인프라를 구축하고 다른 나라가 그 인프라를 사용하게 만들어야 한다. 인프라를 구축하고 유지하려면 어마어마한 노력이 필요하다. 헤게모니 국가는 노력과 비용을 투자함으로써 자동으로 돈이 들어오는 시스템을 장악할 수 있다.

중국의 목표는 모든 것을 중국이 통제하는 중화 시스템으로 보인다. 이 시스템은 중국인의 사고에 깊숙이 뿌리내리고 있어 쉽게 바꿀 수 없다.

중국의 GDP가 세계 2위라지만 1인당 GDP는 2020년 기준으로 세계 49위다. 아직 선진국으로 보기 힘든 단계다. 따라서 중국의 전통적 사고 문제를 별개로 치더라도 일대일로 정책으로 단숨에 중국이 세계 경제 헤게모니를 장악할 수는 없어 보인다.

한 권으로 읽는 세계사

1판 1쇄 발행 2022년 1월 27일
1판 2쇄 발행 2022년 3월 31일

지은이 다마키 도시아키
옮긴이 서수지
펴낸이 이재두
펴낸곳 사람과나무사이
등록번호 2014년 9월 23일(제2014-000177호)
주소 경기도 고양시 일산서구 강선로 142, 1701동 302호
전화 010-7770-9346 팩스 (031)601-6181
이메일 saram_namu@naver.com
디자인 박대성

ISBN 979-11-88635-58-0 03900

rotation
Equator

Axo do